专业引领 教学共进

乡村薄弱学校"一校一案"研究

祝小平 彭司先 ◎ 编著

辽宁人民出版社

图书在版编目（CIP）数据

专业引领　教学共进：乡村薄弱学校"一校一案"研究 / 祝小平，彭司先编著 . -- 沈阳：辽宁人民出版社，2024．9．--ISBN 978-7-205-11232-5

Ⅰ．G725

中国国家版本馆 CIP 数据核字第 2024RU0097 号

出版发行：辽宁人民出版社
　　　　　地址：沈阳市和平区十一纬路25号　邮编：110003
　　　　　电话：024-23284325（邮　购）　　024-23284300（发行部）
　　　　　http：//www.lnpph.com.cn
印　　刷：沈阳百江印刷有限公司
幅面尺寸：170mm×240mm
印　　张：12
字　　数：185千字
出版时间：2024年9月第1版
印刷时间：2024年9月第1次印刷
责任编辑：张天恒　　王晓筱
装帧设计：山月设计
责任校对：吴艳杰
书　　号：ISBN 978-7-205-11232-5
定　　价：68.00元

前　言

整体推进乡村教育振兴的实践探索

2018年《中共中央、国务院关于实施乡村振兴战略的意见》(中央一号文件)强调，应高度重视发展乡村义务教育，推动建立以城带乡、整体推进、城乡一体、均衡发展的义务教育发展机制。如何形成此种义务教育发展机制，是振兴乡村教育中值得研究的问题。广东第二师范学院以整体推进乡村教育为目标，以白云区钟落潭镇合作项目为依托，探索"目标导向、高校引领、名校伴随、自主发展"的变革机制，取得明显效果。

一、签订战略合作，聚焦乡村教育振兴

2020年9月，广东第二师范学院与广州市白云区人民政府就乡村教育振兴达成战略合作协议，广东第二师范学院基于在基础教育科研、人才、培训等方面的优势，确定了在钟落潭镇共同开展基础教育教师培训项目合作、建立生源基地和师范生实习基地、推动基础教育领域合作办学、拓展教育科研和教育信息化项目等四个方面的合作意向，并聚焦两大亮点出招乡村教育，共同打造乡村教育振兴创新典型和样板。

一是，成立广州第一个乡村教育集团，确立打造全省百名优质教育集团的

战略目标。白云区人民政府将位于钟落潭镇的原广州市第八十一中学、钟落潭小学、钟落潭镇中心幼儿园全部纳入"广东第二师范学院实验集团"内管理，但法人代表不变。实验教育集团现有三校五区，共101个班，288名教师，3962名学生。

　　二是，把钟落潭镇13所中小学纳入广东第二师范学院"一校一案"研究项目，通过项目研究，打造乡村教育振兴创新典型和样板。全镇2所初中、2所九年一贯制学校、9所小学，共有812位教师，12123个学生，确定为"一校一案提升工程"项目试点学校，双方签订了"学校自主发展与校长任期目标委托科研服务项目协议"。

二、构建"高校引领、名校伴随、自主发展"机制，着力整体推进

（一）高校引领，精准把脉

　　广东第二师范学院主动发挥学校教学资源丰富、师资力量雄厚等资源优势，帮扶广州市白云区钟落潭镇提升教学质量、建设教师队伍、助推乡村教育振兴。通过研究厘清乡村学校发展、乡村教育振兴中的疑难问题，研究乡村学校改进的关键性问题，精准把脉，破解乡村学校发展的密码。

　　1.研究问题

　　根据钟落潭镇13所学校的地理位置和新时代对乡村教育的要求，我们专门研制了学校诊断方案，通过组织高校专家、基础教育名优校长和教师对校长的办学理念、学校管理、日常教学、建设项目等方面进行专业诊断和评估，帮助找出问题点、突破点和增长点，共同构建学校特色发展蓝图，以进一步助推学校内涵发展，提升钟落潭镇的教育水平。

　　2.寻找对策

　　专家组充分研究每一位校长的特点，寻找每一位校长的专业发展优势，鼓励校长从自我优势出发，思考和实践治校方略；同时，研究每一所学校的运行状态和生命周期，寻找学校发展的机遇，支持校长利用自身优势，抓住学校发展机遇，找出学校改进的突破口，形成促进学校变革的"一人一案""一

校一案"。

3. 抓住关键

教师队伍建设是振兴乡村教育的关键，根据现场调查，我们发现：钟落潭镇教师队伍基础薄弱，全镇教师的平均年龄为 44.4 岁，50 岁以上教师占 25.1%；教师学历结构与一线城市的地位不符，大专以下学历占 18.7%，硕士学历仅占 4.2%；高水平教师偏少，高级教师占 15.4%，二级教师及以下占 30.3%；教师缺编严重，全镇共缺编 109 人，存在不同程度的结构性缺编；教师缺乏培训，教育观念落后，满堂灌的现象严重等。为此，我们研究并出台了促进教师专业发展的"三师计划"。

（二）名校伴随，整体带动

乡村学校改进，需要全方位整体支持和"一对一"精准帮扶。根据乡村学校发展目标和发展重点，我们在全省范围内针对性选择优质名校，采用"1+3"（"1"指学校管理，"3"指语文、数学、英语三个学科）支持模式，全方位、精准帮扶乡村学校的学校管理和学科建设。项目组设计学校共进计划，逐步化解乡村学校发展中的难题。

1. 管理共进计划

名校校长在受援学校建立工作站，按照"一校一策"的治校方略，引领受援学校管理改进，形成学校发展共进机制。名校长工作站主持人以 3 年为培养周期，通过跟岗学习、现场诊断、课题研究和示范引领等方式，指导受援学校制度建设、学校文化建设、教师队伍建设、课程建设、课堂教学改革、学生发展体系建构，引领受援学校整体发展。

2. 教学共进计划

名校教师在受援学校建立名教师工作站，形成以名师进站工作的方式，带动受援学校的学科建设。名教师工作站主持人进站指导以 3 年为培养周期，每学年通过专业讲座、交流研讨、同课异构、课题指导、成果总结等方式指导受援学校学科建设，形成教学共进机制，引领受援学校学科发展。

3. 教师提升计划

以教师发展为重点，实施"三师计划"：一是着力青年教师培养的"种子计划"，通过集中学习、跟岗研修、个别指导和参加比赛，使乡镇学校青年教师在教学设计、课堂教学、教学反思和命题解题等方面全面提升，打造"讲台上的名师"；二是着力打造优秀学科团队和骨干教师的"攻关计划"，通过专业指导、课题研究、参加评比，使学科团队在课题研究、特色活动设计、主题报告演讲、教学模式总结和教研论文撰写等方面得到提升；三是培养教学特色名师和学科带头人的"教学特色名师计划"，通过集中学习、入室培养、个性化指导和示范引领等方式，使培养对象能够独立开展课题研究、开展教学创新、引领学科发展、公开发表论文、申报教学成果奖。"三师计划"的实施，让教师在教学改革中成长，让教师在质量提升中得到自信，从而培育高素质专业化的教师队伍。

（三）效果共评，自主发展

2020 年 10 月，中共中央、国务院出台《深化新时代教育评价改革总体方案》，提出"改革教师评价，推进践行教书育人使命"，强调要"强化过程评价，探索增值评价，健全综合评价"。在钟落潭镇"一校一案"项目中，广东第二师范学院提出以"三师"评选的方式，推进教师评价改革试点，鼓励教师在教育教学、科研、实践活动等方面个性化发展，促进教师形成具有个人特色的教育教学风格。同时，关注教师学习力和创新实践力，注重教师教学基本功的强化训练和职业技能的养成与精进，引领教师在原有知识能力的基础上自觉地、不断地学习提升和反思修正。

1. 讲台上的名师

根据青年教师的特点，研制青年教师专业能力标准，按照能力标准进行针对性的培养，并通过各种比赛培养讲台上的名师。包括读书报告会、教育成长故事的主题演讲比赛、"毛笔字、钢笔字、粉笔字"的"三笔"字大赛、说课比赛、命题比赛、解题比赛、信息技术能力比赛、实验操作能力比赛等。

2. 学科骨干教师

名教师工作站主持人为学科骨干制定培养周期内的工作站指导计划，内容包括研究一个课题、设计一项特色活动、主讲一场主题报告、总结一个教学模式、撰写一篇论文等，保证学科骨干教师在周期内达到共进的效果。

3.教学特色名师

具体措施是个性化指导和进入省级名教师工作室集中学习、跟岗学习、个性化培养等，包括主持一项研究课题、开展一项教学创新、引领一个学科发展、公开发表一篇论文、申报一个教学成果奖。

三、依托"顶层设计、一校一案、整校推进"路径，体现项目特点

（一）顶层设计，扎实推进

为保障项目有序进行，广东第二师范学院专家组制定了《广东第二师范学院与钟落潭镇13所"一校一案"学校关于自主发展与校长任期目标科研服务项目对接工作方案》《广东第二师范学院与钟落潭镇13所"一校一案"学校关于"学校共进计划"专家进校实施方案》《广东第二师范学院与钟落潭镇13所"一校一案"学校关于"学校共进计划"专家进校工作指南》等文件，工作组在专家组的引领指导下，主动对接名校长工作站和名教师工作站主持人，制定并落实培养周期内专家进校指导、跟岗学习、集中研修等活动的时间计划及课题研究计划、汇报课展示计划等。钟落潭镇教育指导中心设立评选组，负责支持和评估名校长工作站、名教师工作站、教师工作室开展工作，评选讲台上的名师、学科骨干教师、教学特色名师"三师"教师。如此保证"三师"走向自主发展之路，推动学校改进和高质量发展。

（二）一校一案，精准发力

项目开展过程中注重专业支持，通过项目研究搭建"一校一案"策略支架，精准配置名校资源，逐步建立自主运行机制。我们认为，学校不同，其发展方略就会不同；同一所学校，发展阶段不同，其发展方略也会不同。农村学校的改变，需要外部精准帮扶，更重要的是建立自我发展机制，发挥自身的主动性，通过目标导向、过程支持、绩效评估的评价机制，能够很好地支持农村学校增强自身发展的动力。

（三）全过程支持，整校推进

项目采用了"管理共进""3个学科共进"的全过程支持策略，形成了全

口径、全方位、融入式的帮扶，高水平助力白云区乡村教育振兴，成为乡村教育振兴的典型。同时，支持乡村学校形成"学、研、做、评、思"校本研修体系，助力整校推进，不断增强乡村学校自身发展能力。

四、通过"教师发展、学生进步、学校提质"事实，彰显项目成效

通过两年的实践和探索，项目取得显著成效。白云实验教育集团即将成为广东百名优质教育集团的培育学校，成为乡村教育集团建设的典型。13所中小学通过实施乡村"一校一案"提升工程，正深入推进教育领域综合改革，开阔教师视野，更新教学理念，促进教师专业化发展，提高学校各项管理水平，促进钟落潭镇教育教学提质，推进白云区教育优质均衡发展。

教师专业发展成效显著。教师共开展课题研究161项，其中，省级以上课题17项，市级课题28项；发表论文132篇，论文获奖或宣读622篇；教师参与培训共12162人次；教师获得各级各类荣誉2034项，其中省级以上荣誉86项，市级荣誉63项；"三名"（名校长、名教师、名班主任）教师共32人，其中市级8人，区级18人；骨干教师181人，其中省级1人，市级32人，区级85人。共25位教师晋升副高级职称。

学生全面发展明显提高。学生共获得各级各类奖励9759项，涵盖德智体美劳各领域。高考成绩提升明显，本科率增长了18%，中考成绩综合评价提高显著，教学质量位居白云区乡镇的前列。

项目学校全面提质。项目学校共获得荣誉283项，其中，省级以上16项，市级41项，涵盖德智体美劳各领域。

目　录

第一章 "一校一案"的建构

第一节 "一校一案"项目实施方案

根据广州市白云区教育局委托广东第二师范学院开展"广州市白云区钟落潭镇学校自主发展与校长任期目标科研服务项目"合同要求，为进一步实施教育创新驱动发展战略，明确双方工作职责，提出了"教学共进"计划，为确保"共进"计划顺利推进，提出如下实施方案。

一、指导思想

坚持以习近平新时代中国特色社会主义思想为指导，深入贯彻党的十九届二中、三中、四中全会精神，贯彻落实全国教育大会精神和全国基础教育工作会议精神，落实立德树人根本任务，发展素质教育，深化课程改革，构建符合广东实际、具有广州特色和体现时代精神的"教学共进"实施方案。

二、基本原则

（一）坚持育人为本

遵循教育教学规律和学生身心发展规律，协同大学专家、中小学名校长、名教师和地方教育行政人员，着力发展学生核心素养，增强学生综合素质，满足学生不同学习需要，为学生成长成才奠定坚实基础。

（二）做好整体设计

立足学校实际与地域文化特色，把握好学校自主发展与特色建设的关系，把握好教师发展与教育教学改革的关系，把握好学生发展核心素养与学科核心素养之间的内在关系，做好学校发展的整体设计，形成学校自主发展的"一校一案"。

（三）坚持协同推进

统筹区域和城乡发展，建立教育行政部门、高校、中小学校协同推进的长效机制，充分激发中小学校教育改革发展的内生动力，形成多方联动、开放高效、富有活力的新格局。

三、组织机构

广东第二师范学院培训与社会服务处、白云区教育研究院、钟落潭镇教育指导中心成立"共进计划"领导小组，由广东第二师范学院培训与社会服务处领导担任主要负责人、重大项目部负责执行，由钟落潭镇教育指导中心统筹工作，由 13 所中小学具体落实。

（一）名校长工作站

在钟落潭镇 13 所学校各成立 1 个名校长工作站，由广东第二师范学院聘任省级教育名家担任名校长工作站主持人，工作站采用"1+N"模式，即 1 个主持人加 N 个所在学校校级领导。

（二）名教师工作站

在钟落潭镇 13 所学校中，每校成立 1 个名校长工作站和 3 个名教师工作站，由广东第二师范学院聘任省级教育名家担任名教师工作站主持人。工作站采用"3+3"模式，即 3 个工作站加 3 个所在学校教师工作室。

（三）教师工作室

为对接名教师工作站工作，在钟落潭镇 13 所学校中，每校成立语文、数学、英语教师工作室各 1 个，学校选拔学科优秀教师（或科组长）各 1 人担任对应学科教师工作室主持人。学科教师工作室主持人主持工作室活动，主持人招收 5 名左右学员，学校为工作室配套适当的课题经费。

（四）名校长、名教师及帮扶中小学校要建立互动平台，积极沟通，保质保量推进该项工作

各名校长、名师工作站要擅用网络资源，积极建立与被帮扶学校的交流互动平台，为教师们构建互相学习、互相交流的桥梁，实现教师间的优势互补、共同提升，亦为校长的课程领导力引领了明确的方向。

四、工作职责

（一）名校长工作站主持人工作职责

1. 以 3 年为培养周期，指导工作站的学校发展，每个名校长工作站至少培养 1 名校长。

2. 在培养周期内，名校长工作站主持人每学年组织不少于 4 次指导活动（每次不少于 6 个学时），指导培养对象（校长）开展学校管理、团队建设、课程教学改革、学校特色打造等方面工作。

3. 在培养周期内，名校长工作站积极指导培养对象（校长）开展教育教学研究，工作站围绕凝练学校发展开展区级以上教育管理课题研究 1 项，并形成 1 项以上富有特色的论文（或著作）等教育研究成果，研究成果须在区级以上刊物发表（出版）或区以上教育行政部门主办的活动中获奖宣读。

（二）培养对象（校长）职责

1. 名校长工作站培养对象（校长），在主持人的指导下，积极主动开展学校管理、团队建设、课程教学改革、学校特色打造等方面工作。

2. 名校长工作站培养对象（校长）在培养周期内，每年到主持人所在学校跟岗学习不少于 1 次。

3. 主动对接名校长工作站主持人，制定并落实专家进校指导时间计划，开展相关活动。

（三）名教师工作站主持人工作职责

1. 以 3 年为培养周期，指导名教师工作站开展工作，培养 3—5 名学科骨干教师。

2. 在培养周期内，名教师工作站主持人每学年通过交流研讨、课题指导、教学磨课等方式指导教师工作室开展集中研修不少于 2 次（每次不少于 6 个学时）。

3. 在培养周期内，名教师工作站主持人指导教师工作室成员参加教育部组织的"一师一优课、一课一名师"活动，并至少推出 2 名成员参加市级及以上学科教研活动。

（四）教师工作室主持人工作职责

1. 制订培养周期内的工作室研究计划，包括跟岗学习计划、课题研究计划和汇报课展示计划等。

2. 主动对接名教师工作站主持人，制定并落实名教师工作站主持人进校指导时间。

3. 每学年必须到名校长工作站主持人所在学校跟岗学习 1 次。

五、运行机制

1. 教师工作室为学校共建计划的运行主体，工作室主持人制订并实施工作室活动计划。

2. 名教师工作站根据教师工作室工作计划进行针对性指导，指导教师工作室开展工作。

3. 成立镇专家工作组，工作组负责指导、支持、评估教师工作室、名教师工作站、名校长工作站开展工作。

六、考核机制

1. 钟落潭镇 13 所中小学校每年 12 月 15 日前要提交"教学共进"计划实

施情况报告。

2. 钟落潭镇教育指导中心统筹协调 13 所中小学"教学共进"计划与广东第二师范学院培训与社会服务处、中小学教育名家的对接工作，对工作显著的相关负责人给予表彰。

3. 广东第二师范学院、白云区教育研究院将组织专家适时开展实地调研，对成效显著的学校予以一定的支持及鼓励。

七、其他

1. 本细则自 2021 年 1 月起试行。

2. 本细则由广东第二师范学院培训与社会服务处"教学共进"行动计划工作组负责解释。

第二节 "一校一案"项目建设目标

根据广东第二师范学院与广州市白云区钟落潭镇学校自主发展与校长任期目标科研服务项目协议要求，项目建设周期内，在钟落潭"一校一案"项目学校中，每校成立 1 个名校长工作站和 3 个名教师工作站。每个名校长工作站周期内至少培养 1 名校长。名校长工作站积极指导培养对象开展教育教学研究并取得明显成效，工作站围绕凝练教育思想和办学理念开展区级以上教育管理课题研究 1 项，并形成 1 项以上富有特色的论文（或著作）等教育研究成果，研究成果须在区级以上刊物发表（出版）或区以上教育行政部门主办的活动中获奖宣读。每个名教师工作站周期内培养 3—5 名学科骨干教师。在培养周期内，名教师工作站指导培养对象全员参加教育部组织的"一师一优课、一课一名师"活动；至少推出 2 名成员参加市级及以上学科教研活动。

结合广东第二师范学院、省级教育名家和钟落潭镇"一校一案"项目学校的工作实际，项目每学年任务目标如下。

一、名校长工作站

名校长工作站主持人通过工作站建设规划、过程指导、结果论证等方式，组织不少于 4 次指导（每次不少于 6 个学时）；建立名校长工作站与项目学校的微信工作群，名校长工作站主持人不定期在群内分享教育教学先进案例。培养对象每学年向主持人展示办学成效不少于 2 次。

二、名教师工作站

名教师工作站主持人通过交流研讨、课题指导、教学磨课等方式组织骨干教师集中研修不少于 2 次（每次不少于 6 个学时）。培养对象每学年向名教师工作站主持演示汇报课不少于 2 次，每学年必须到名校长工作站主持人所在学校跟岗学习，时间不少于 1 周。建立名教师工作站与项目学校的微信工作群，名教师工作站主持人不定期在群内分享课堂教学等方面先进案例。

第三节　校长任期目标责任书——以3所学校为例

广州市白云区竹料第一小学校长任期目标责任书

一、发展基础

（一）基本情况

竹料第一小学是一所具有深厚历史文化底蕴的学校，其前身为"同升社学"，始于清朝嘉庆六年（1801），后为竹料地区的私塾。2005 年被评为广州市一级学校。学校占地面积 10800 平方米，建筑面积 6695 平方米，学校原有

21个普教班,1个特殊教育班,学生879人,教职工53人（含顶岗教师9人），专任教师51人，学历达标率100%。设有科学实验室、多媒体网络计算机室、语音室、综合电教室、舞蹈室、美术室、综合档案室等比较先进的、功能齐全的教学辅助室23个，教室与教辅室之比达1∶1;有1个150米四跑道的运动场，2个标准篮球场、2个排球场。学校现有图书25000多册，生均28册。学校是广州市一级学校、广东省综合档案管理达标单位、广州市教育E时代实验学校、广州市教育装备管理工作先进学校、广东省开展创建全国优秀家长学校实验基地、白云区优秀课改实验学校、广州市安全文明校园、广州市规范汉字书写教育特色学校、广州市书香校园、广州市及白云区特色学校，在当地社会声誉良好。

（二）学校发展的 SWOT 分析

1. 优势

（1）近年学校教育教学质量一直名列镇前茅，学生、家长以及上级主管部门对学校发展的认可度不断提高。

（2）校本教研活动较为扎实，教研氛围浓厚，各科组的科组研究主题和教研活动能正常认真地开展。

（3）学校有一个团结向上、不甘落后、勇于创新、专业能力强的干部队伍。

2. 弱势

（1）欠缺专家引领，教师的专业发展方向不明确，科研能力不强。

（2）教师老龄化严重，只有退休，没有新入职教师，职业倦怠现象日益加重，主动学习意识薄弱，师资水平正在下降，名师、骨干力量锐减;艺术类的专业教师严重不足。

（3）学校的地域文化正在减弱，城镇中心偏移，学生的生源与家长的素质等正在下降。

（4）随着计划生育政策的松绑，服务地段学生不断增加，教师缺编、场室不足等问题突显。

（5）原来学校为"广州市教学装备先进单位"每间课室都配有多媒体教学平台，但现在全部已成为 10 年以上的陈旧教学设备，维护费用大，有些设备甚至已不能使用，给智慧校园的打造带来巨大的阻力。

（6）校园文化建设薄弱，有待进一步梳理、打造、完善校园主题文化和制度文化建设。

3. 机遇

（1）2016 年 12 月获广州市特色学校称号，2019 年 12 月被白云区选定为"特色品牌学校培育"单位，以此为契机大力深化特色内涵发展，并以此推动教育教学工作的发展。

（2）学校被白云区教育局定为课改优秀学校，多次召开现场会对学校的课堂教学改革工作进行指导，得到各方面有力的支持。

（3）与钟落潭少年宫、校外专业培训机构建成友好协作，积极推进乡村少年宫兴趣活动课程的发展。

4. 挑战

（1）自主合作探究的学习方式成为主流，课堂要改革，体现"三主"课堂，体现生机与活力。

（2）依托学校的办学理念，为人品须当竹，打造竹韵文化。在现有的文化体系下进行特色活动，加强小组、社团的活动积极创新，促进学生全面发展。

二、发展愿景与目标

（一）办学理念

办学宗旨：传承中华竹文化，争当谦雅竹君子。

办学理念：为人品须当竹。

办学特色：竹韵教育。

德育理念：卓尔、担当、至诚、不息。

校训：虚怀奋进、质朴善群（谦雅善朴）。

谦：虚怀奋进；雅：高雅卓尔、为人正直；善：善良、善群；朴：诚朴、担当。

校风：品尚学谦、言雅行正。

教风：怀若谷，润物无声。

学风：惜时乐学、节节攀升。

（二）总体目标

全面贯彻党的教育方针，以教育教学高质量发展为核心，以精细管理为支撑，以提高教师专业发展为重点，以种好"三田"（责任田、样板田、实验田）、礼仪教育、"1+1"体育活动、美育教育为抓手，以"传承传统、面向未来、特色文化、品质卓越"的方向为引领，用文化经营学校，以一流的品质发展学校。

学校发展愿景：努力把学校建成温馨、诗意的家园，名师成长的摇篮，学生求知若渴的乐园，积极打造竹韵特色文化，加强课程改革，做好学科统整，紧紧抓住白云区"特色品牌"培育的契机，进一步扩大校园品牌影响力，力争三年内把学校打造成质量优异、特色鲜明、师生幸福的区域高品质学校。

（三）具体目标

1.党建与思想政治工作

（1）探索党员干部活动方式的有效途径，以"一年深学习，二年有发展，三年就拓展，四年出成效，五年见跨越"为目标，实现党建工作的系列化。

（2）抓好学校党员、干部两支队伍的建设，力争做到"五好"：领导班子好、党员队伍好、发展业绩好、群众反映好、廉洁自律好。

①领导班子好。干部"三带"作用明显。

②党员队伍好。党员政治意识、责任意识、大局意识、纪律意识增强。

③发展业绩好。在"创全"等学校重大工作中作出成绩，保证工作顺利落实和完成。

④群众反映好。深入一线知民情，了解民困想办法，善于做群众工作，党支部测评公认度达90%以上。

⑤廉洁自律好。班子成员以身作则、以上率下，严格执行中国共产党廉洁纪律，保持为民、务实、清廉的政治本色。

2. 校园建设目标

（1）以竹韵文化为核心，加强学校文化建设，把教育和知识变成空气弥漫在校园内。合理规划校园文化，现对同升社学、竹雅楼架空层、竹谦楼前办学宗旨、竹韵文化吉祥物、操场新建围墙等已完成了设计图，学校将根据经费使用情况逐步推进建设，并对各教学楼的环境氛围逐步改善、宣传教育引领，营造温馨、舒适的学习环境。

（2）班级文化：每学期进行一次班级文化评比，落实"六有"，营造温馨舒适的班级氛围，打造富有特色的文化墙，落实好教书育人责任制，用好小单元精细化管理。

（3）学校操场破损严重，而且没有表演的舞台，尽量争取上级立项，完成操场整改及表演舞台的加建。

（4）学校的教学平台及电脑室均已使用 10 年以上，维修费用大，且影响上课质量，积极向上级申报更换信息设备。

（5）争创"广州市健康学校"。

（6）竹料一小已被认定为"广州市安全文明校园"，学校持之以恒地将安全文明工作做细、做好，确保师生有安全文明的工作学习环境。

3. 教师成长目标

（1）指导思想

根据教育部颁发的《中小学教师继续教育规定》《基础教育课程改革纲要（试行）》精神，积极探索以学校为主要培训基地、校长为培训第一责任人的校本培训模式，充分发挥本校的培训功能和优势，促进教师专业化发展，努力营造教师终身教育和可持续发展的良好格局，打造学校"三师"引领，提高教育教学质量。

（2）工作目标

①各学科培养 1—3 名讲台上的名师。

②通过课题研究和学科研究建设 2—3 个优秀科组团队，推选 1—2 个区级优秀科组。

③每年发掘 3—4 名具有教学特色的名师，争取培养一批区级教学骨干。

（3）工作思路

①种子计划：在新教师中发掘有能力的培训对象，进行重点培训，尽快形成教师自己的教学特色。语文科：郭芷茵、黎衢；英语科：邓应婷、车燕秋；综合实践科：冯俏娴。

②攻关计划：以学科组为单位，结合白云区"三大工程"建设，以课题为引领，在竹韵文化、统编教材、品牌特色建设等方面进行深化和拓展，打造学校的教育教学特色。

③领航计划：充分利用学校教学骨干和市、区教学骨干，镇学科教研组长，名师工作室成员的作用，引领学校各学科组不断创新改革，在教学质量、教学创新等方面作出成绩。语文科：冯焯洪；数学科：萧结华；英语科：车燕秋；科学科：曹绍康；美术科：张燕；特殊教育科：高彩霞；品德科：曹慕坚、邓德泉。

（4）工作措施

①成立学校"三师"引领计划领导小组。

②提高认识，要加强学习，做好校本培训，把校本培训与教师的专业发展紧密结合，提高教育教学能力，扎扎实实做好各项工作。

③加强校本培训的组织指导，加强过程监控管理和考核评价工作，形成学校的评价机制，每学年评选"一科一名师"。

④充分发挥教导处、教研组的校本培训主阵地作用，各教研组要利用教研活动，组织本组教师开展理论学习与专题研讨，认真落实培训方案。积极进行教学科研实践，实现教师每学年"一师一优课"。

⑤校本培训与课题研究相结合，围绕学校、个人的科研课题，各课题研究小组定期开展研讨活动，加强交流共同提高。在近三年内形成 1—3 项有学校特色的科研课题。

4.学生发展目标

（1）五星评比

为了加强学校学生的素质培养，促进学生德智体美劳全面发展，特在学生当中开展五星评比。

①评选项目：优秀学生分为 5 个类别，分别是德育之星、学习之星、体育之星、艺术之星、劳动之星。

②评比时间：6 月。

③评选人数：学生按照评比方案的要求进行申报，班主任最后根据班级人数的 5% 的比例进行确定名单。

④各星评选标准。

德育之星

·热爱祖国，热爱人民，热爱集体，能为学校添光彩；

·学习目的明确，学习态度端正；

·具有良好的学习习惯和勤奋进取、刻苦钻研的精神，学习成绩优秀；

·团结同学，助人为乐，工作认真负责，自觉履行《小学生日常行为规范》和《竹料一小规章制度》的要求。

学习之星

·学习刻苦，成绩突出，在学习方面起模范带头作用；

·自主学习，勤思好问，乐于探究，积极进取，各科学习成绩优秀，在全年级名列前茅。

体育之星

·上好每一节体育课；

·在校运动会时能踊跃报名，积极参与；

·热爱班级以及维护学校荣誉，为班级和学校加油助威；

·有一个或一个以上的体育特长项目（乒乓球、武术、篮球、足球、田径）；

·在校级以上的体育比赛中获得名次。

艺术之星

·能够积极参加各类艺术活动；

·具有一定的艺术特长（至少具有一项以上的特长，为书法、绘画、舞蹈、演唱、器乐演奏五类）；

·参加过相关比赛，并取得优异成绩（镇级以上，须附获奖证书复印件）。

劳动之星

·热爱劳动，能做自己力所能及的事情；

·尊重他人劳动成果；

·主动参与班级的劳动，认真打扫卫生；

·树立正确的劳动观点、劳动意识，认识到劳动最光荣，不爱劳动的人将会一事无成；

·告别饭来张口、衣来伸手的"小皇帝""小公主"生活，树立"以艰苦奋斗为荣，以好逸恶劳为耻"的荣辱观。

（2）六大学院建设

结合乡村少年宫课程项目分类设置为"六大学院"课程。分别是：

少年文学院：经典美文诵读、语言艺术、写作；

少年理学院：结合白云区数学工程活动开展；

少年外语学院：英语剧表演；

少年体育学院：跳绳、跆拳道、羽毛球、篮球、体育舞蹈；

少年艺术学院：舞蹈、合唱、剪纸、绘画、书法、手工；

少年农学院：在学校建设劳动基地，以分任务到各中队进行劳动教育，争取申报中药种植学校。

三、课程与教学建设

1.全面落实新的课程改革的要求，全面实施素质教育。全面改革课堂授课方式，实现学生学习方式的变革，积极组织教师学习新课程标准，加强校本科研，加强对新课程标准的研究，以科研促教改，以教改促教学质量的提高。

2. "1+N"课程（基础课程+拓展课程）理念为导向，形成学校课程结构方案。成立学校课程委员会，并根据国家课程方案和学校办学理念，结合现有的校本教材，研究制定学校课程发展规划，形成学校课程方案。进一步调整课程结构，提高艺术、体育、劳动、综合实践类课程的比例，结合乡村少年宫课程，增加选修课课时，确保每学期校本课程开课十几门，每学期形成3—5门传统优势课程，形成学校特色，初步建立起学生选修课程体系，使其真正成为学生发展的平台，展示个性的舞台。现根据实际，提出了"竹韵课程"的四大内容：竹谦、竹雅、竹善、竹朴，并不断完善。

竹谦篇：法制教育，健康安全教育；

竹雅篇：诚信教育，廉法环境教育，艺术教育社团活动；

竹善篇：远离毒品团结教育队活动，国际教育；

竹朴篇：生命教育，科技活动品德教育。

3. 改革教学评价。课堂教学是受"应试教育"影响最深、表现最为顽固的领域，也是当前实施素质教育的主阵地。要摆脱"应试教育"的桎梏，应探索从教学评价上解放教师，解放课堂教学，正确引导广大教师顺应时代之变，改进现有的课堂教学行为，给学生更多直接体验与自主探索的机会，逐步提高学生主动学习活动的水平和质量同时，积极探索实行学生学业成绩与成长记录相结合的综合评价方式，为学生建立综合、动态的成长记录手册，全面反映学生的成长历程。鉴于此，学校要研究如何编制以体现素质教育的评估指标体系和评估方案，争取形成比较科学的评估方法，推动学校向素质教育转轨。

4. 以有效教学的课堂变革项目为契机，重视学科教学研究，鼓励以课题促进步，改进教学方法，努力提升教师整体教学水平。在未来3年内，学校将更注重在日常教育教学实践活动中进行对有效教学的感悟和探究，引导广大教师立足课堂教学进行课题研究，激励教师在日常的课堂教学中逐步体现出学习任务的改革思想和举措，提高课堂教学质量。具体从两个方面入手：第一，规范教学管理，加强制度创新，建立和完善一套与新课程相适应的教学管理制度，包括课程开发和课程评价制度、学生管理和成绩评价制度、教师教学管理和教师教学绩效考核制度、校本教研和教师继续教育制度、课程资源的开发和共享制度等。第二，各教研组继续以"品牌创建"为核心理念，通过团队的相互沟通、支持、配合，将品牌理念落实于具体的实践中。通过"优秀教研组""教研组课题成果展示"等活动加大教研组品牌建设力度，力争通过3年的努力，将体育组的大课间绳操、跳绳，语文组的经典诵读，数学组的趣味数学，音乐科组的舞蹈等多个学科项目做强做大。

四、家校合作

竹料第一小学是"全国优秀家长学校"，一直以"为人品须当竹"为办学理念，围绕以竹"谦雅善朴"的品质实施养成教育。学校将进一步完善"三位一体"教育网络，形成有效教育合力。

1.加强学校与家庭联系，通过致家长的公开信、校讯通等多种途径和家长沟通，帮助家长树立正确的教育理念，提高对素质教育的认识水平，抵制社会环境对学生的不良影响。

2.学校成立校级家长委员会，由他们搜集学生和社会对学校教育教学工作的评价信息，及时反映学生、家长、社会对学校工作的意见、建议和要求，为学校教育出谋献策，并增加对学校的了解。

3.每学年至少举行2次全体学生家长会，加强家校沟通。

4.定期"充电"助成长。学校每学期都邀请有关的专家、家庭教育的权威人士或由校长、班主任作讲师，对家长进行集中培训，建议家长购买《父母课堂》作为家长学校的教材及平时学习的资料，做到"活到老，学到老"，与时俱进不落后。

5.拓宽学校与社会联系渠道，在原有校外辅导员、法制副校长的基础上，利用各种社会资源，开展警校共建和社区共建等活动，促进学校教育的社会化，使学校教育更加贴近社会，贴近生活，共同推进文明学校建设。

6. 家长课程进课堂,拓宽课程渠道。

(1)每学期各班邀请1位家长进课堂给孩子们授课,把这些优秀的家长资源充分利用起来,使家校合作更具体化,充满特色。

(2)每年的端午节、中秋节等传统节日,邀请会做粽子、月饼等传统食品的家长到校教孩子做传统食品,说节日的由来及本地风俗。

7. 组织各类亲子活动。

(1)学校每次大型活动,如读书节、科技节、艺术节、体育节等,在制定和公布计划时,都会强调各班邀请家长到校参加,并对家长到校后该做的事、该起的作用作出要求。

(2)亲子共读同进步。每学期学校"读书节"倡议家长带孩子到书店至少购买2本有意义的书籍与孩子共读,学校还会开设亲子共读指导课,促进共读的效果。

五、目标推进排序

结合学校情况,按照重要程度将工作目标排序,可以分为重要目标、一般目标。

(一)重要目标

1. 白云区特色品牌学校培育成功,真正成为区特色品牌学校。

2. 争创广州市健康学校。

3. 培养区级或以上名师3人,区名师工作室成员3人。

4. 重新整理学校历史,增强竹料一小学子的认同感、归属感。

(二)一般目标

1. 文化立校

(1)完善学校制度

围绕学校工作重点,制定竹料一小课堂教学(备课、辅导、上课、作业、批改)、教育科研(集体备课、课题研究、教师培训、名师培养)、德育教育

（班主任培养、班会、晨会、礼仪教育、道德学堂、五星少年）、体艺活动（大课间、跳绳、跆拳道、棋艺、舞蹈、书法）、信息化应用（资源建设、空间建设、课题、培训）、校园安全（岗位职责、安全演练、排查、教育、值班、护校）等各项制度及量化积分制度。实施"规范化、精细化、民主化、人本化"管理，逐步提高师生的主人翁意识。

（2）校园文化

把教育和知识变成空气弥漫在校园内。合理规划学校校园、教学楼墙壁，进行环境氛围营造、宣传教育引领，营造温馨、舒适的学习环境。

（3）班级文化

营造温馨、舒适的班级氛围，打造富有特色的班级文化，形成良好的学习氛围。

2. 质量强校

（1）坚持以德贯穿"两段三环七步"、以学生为主体的教学模式，坚守课堂主阵地，校长做好学校高质量发展的顶层设计，教师积极参与教学研究，认真做好常态备讲辅批考工作，在反思中成长、提高。

（2）做好教师的专业成长。各年级、各学科教师坚持问题及课题的理念，践行"实践—研究—再实践—再研究"的课改模式，每学期结合年级、学科研究工作，完成一篇有价值的学科研究案例；开展"阅读工程"，每个教师办公室配备一定数量的读本，开展教师素养大提升训练。

（3）培养语、数、英名师。争取在3年内培养区级或以上名师3人，区名师工作室成员3人。

（4）发挥信息技术对课堂教学的助推作用，加强信息化与学科教学融合。

3. 活动润校

（1）做好德育系列教育。细化德育活动，围绕六爱（爱国、爱家、爱校、爱父母、爱老师、爱同学）教育、传统节日及六礼六仪教育，做好学生品质教育、习惯养成教育、责任担当教育、公民意识教育。开展好六好（做好人、说好话、扫好地、做好操、写好字、读好书）学生培养，以五星（德育之星、学习之星、体育之星、艺术之星、劳动之星）评比作为成长的激励机制，培养学生的卓越品质。

（2）开展"阅读工程"。建立班级阅读书柜，班级藏书量人均 10 本，周三午辅时间固定为阅读时间，每月开展班级年级故事、朗读、古诗词飞花令、演讲、习作等比赛，每学期评选最美读书达人、书香班级、书香家庭。

（3）积极开展"劳动教育"研学活动，让每一个学生都亲身参与到劳动实践活动中，充分发挥劳动综合实践活动的育人功能，以劳启智、以劳树德、以劳强体、以劳育美、以劳创新，促进学生德智体美劳全面发展；开展"竹韵文化"研学活动，让学生感受家乡的竹文化与自然风光，了解到身边悠久的历史文化、名人故事，还可以加强学生间的沟通和交流，培养学生团结互助、合作共赢的意识，增强学生间的凝聚力，培养学生的核心素养。

4.特色兴校

（1）开展好学校"一校一品"跳绳项目的普及和苗子培育，积极走出去、请进来，进一步擦亮品牌，在品牌的形成过程中，涵养师生的品质。

（2）传承中华优秀传统文化，从诵读经典入手，培养具有"谦雅"气质的竹一人。

（3）构建健康校园、平安校园、文明校园、书香校园，在信息化设备得到改善后争取创建"智慧校园"，全面实施素质教育。

六、保障条件

（一）组织保障

成立以校长为组长的规划管理领导小组，具体实施"三年规划"的全程管理，各分管领导、处室、教研组具体落实，全员参与。管理小组根据总目标和阶段目标，负责本规划的全程实施和管理。

1.责任书规划领导小组

组长：曹慕坚

副组长：邓德泉、冯焯洪

组员：萧素文、张科明、刁银枝、高彩霞、冯金溢、冯润明、冯丽香、萧结华

2.项目工作小组

在学校规划领导小组的部署下，根据工作任务，落实校长全面负责规划实施制，副校长具体分管制，中层部门执行责任制。

（1）教导部门：提升教育质量，探索有效教学的评价机制。学校教学流程管理严谨，教导处、教科室分工合作；年级组、教研组制度完善，组长作用发挥充分。教导处重视教学检查、反馈，做好每学期的教学质量分析，形成教学巡视制度，对全面了解学校的教学工作起到应有的促进作用。教科室注重组织各级各类教学研究活动，引领教师专业成长，让教师无论从教学观念、教学方法，还是教学形式上，都力求以学生发展为本，注重学生主体作用与潜能的发挥。

（2）科研部门：负责课题运作，教师的专业化发展。

（3）德育部门：完善德育管理机制，大力构建学校、家庭、社会三位一体的德育网络，牢固树立"人人都是德育工作者"的思想，充分发挥课堂育人的主渠道作用，坚持课内课外相结合，开展丰富多彩、为学生喜闻乐见的活动，取得了良好的教育效果。学校坚持开办家长学校，给家长开展教学开放日活动，赢得了家长的理解、信任、配合、支持，形成了教育的合力。

（4）技术部门：提高教师的信息素养，为数字化校园提供技术支撑。

（5）总务部门：提供强有力的后勤保障支持。

（二）对标学校

竹料第一小学本校希望对标的学校是广州市白云区广园小学，希望能通过开展对标先进找差距、补短板，从而找准改进方向，使教育教学得到提升。

（三）名校长、名教师工作站

学校现有白云区名工作室1个，工作室成员3人，计划未来三年成立名师工作室2个，培养骨干教师3人。

七、制度建设

学校将继续加强各项规章制度建设并逐步完善，努力提高依法治校的水平。制定制度时遵循重大事务在决策前由工会搜集广大教职工意见。对于各项制度的建立、修订，以教代会的主导，并在校务监督委员会监督下制定、修订和完善。建立和完善各项切实可行、行之有效的规章制度，进一步落实岗位责任制。实施中层干部聘任制，完善干部竞聘上岗制度、师德考核制度、工作考核制度、述职制度，建立科学的评价体系，实行目标责任制，并和评优、评先及绩效工资挂钩，使各项工作有章可循，有规可依，各司其职，各负其责，最大限度地调动和发挥教职工从事教育教学工作的积极性，保障学校工作正常有序、顺利高效地开展。

八、经费保障

1. 准确、全面统筹好年度部门预算，确保办学经费到位。协调学校各部门按需求规划下一年度的部门预算，确保各项办学经费到位，为学校教育教学工作正常开展提供经费保障。

2. 合理使用办学经费。根据学校自身情况，调整经费使用结构，实行开源节流，保障师资队伍建设、课程教学改革、德育创新、教育科研、学生社团活动等各项工作的顺利推进。

3. 2021年争取上级资金支持，完成竹雅楼架空层"竹韵轩"、竹谦楼前学校办学宗旨及学校吉祥物等"竹韵"文化的打造。

4. 学校操场破损严重，而且没有表演的舞台，尽量争取上级立项，完成操场整改及表演舞台的加建。

广州市白云区新和学校校长任期目标责任书

一、发展基础

（一）学校概况

广州市白云区新和学校创办于 1958 年，有着悠久的历史和深厚的文化底蕴。全校现有 23 个教学班，在校学生 981 人，其中中学部 274 人、小学部 707 人，大部分来自滏湖、新村、登塘 3 个行政村。教师 62 人，学历达标率 100%。学校占地面积 21432 平方米，生均 21.9 平方米；建筑面积 9609 平方米，生均 9.82 平方米。学校教学场室及教学仪器设备齐全，2013 年通过规范化学校督导评估。

（二）硬件建设

1. 学校于 2020 年 8—10 月进行了校园文化整体设计，初步形成以"和文化"为特色的花园式校园建设。

2. 校道和运动场全面完成翻新建设。

3. 全校各班级课室设施改造升级一步完成（用电增容、空调增加和补充、座椅更新、教学平台全部更新为纳米黑板等）。

4. 完成新物理、化学实验室建设和新音乐、美术室建设，完成消防池建设等。

5. 完成办公室改造和办公家私的更新和重新布局规划。

6. 三个年段的规范化管理场室建设及新增功能室的建设等。

（三）学生发展

1. 狠抓常规。注重学生良好习惯养成。开学初，进行为期三天的主题活动，增强了学生自我管理能力，为终身发展打下坚实基础。

2. 活动育人。学校近期进行了多种形式文体活动、仪式教育等。

3. 环境育人。本学期，学校在着力打造优美的校园环境方面下大力气。校园的整体文化品位得到提升，一批教育设备设施得到改造，使学校的育人环境向着精品化的方向发展。

（四）教师队伍

坚持以立德树人为导向，面向全体学生，加强家校合作，共创育人良好氛围。德育教育以活动课程开展为主，增强体验式德育的过程设计，实现德育活动"全员、全程、全人"全覆盖。全体教师在"新三和"文化的引领下，逐步实现全员德育，营造了良好的德育育人氛围。教学生、爱学生、尊学生，为学生创造优良成长环境的感人场景时时在校园内呈现。在教师队伍建设方面，重点抓好三支队伍：党员队伍、干部队伍、骨干队伍，以培训促进步，以评价促提升。

1.加强党建引领

学校现有在职教师62人，共产党员34人（其中，在职党员27人，退休党员7人），在职党员占比43%。学校党支部深入学习习近平总书记关于党建工作的论述，密切联系群众，从群众中来，到群众中去。加强学习，充分发挥党员的先锋模范作用。彻底改变教工队伍中的"慵、懒、散"等不良作风。

2.强化干部队伍

（1）在确保学校稳定的前提下推进学校中层干部结构调整。

（2）统一思想，提高认识。要高度认识学校中层干部起到的上情下达，下情上传的桥梁作用，充分发挥工作的主动性、积极性、创造性，以确保学校管理有序高效、政令畅通。

（3）加强培训，提升素质。对年轻干部要政治上引导、工作上指导、生活上关心。特别对新任中层干部，校长和分管领导对其工作的每个环节进行具体指导，使之尽快熟悉工作，开展工作。加强对中层行政干部的组织观念，强化他们的全局意识、服务意识、责任意识。

3.提升骨干教师

关注课堂，向课堂教学要质量。骨干教师带头，人人参与，个个争先，充分运用信息技术手段在教学中的使用，提高课堂教学效率。新和学校是白云区智慧校园第二批试点学校，为提高课堂效率，增强学生对信息化的运用能力，学校部分骨干教师带头使用平板电脑对学生进行授课，学生对使用平板电脑上课很有兴趣，课堂效率得到很大提高。

4. 推进制度建设

学校的各项管理都要有章可循、有制可依，实行制度管人。实行精细化管理，各方面的制度都要落实到位。以评价为导向，以评促进。细化管理与模糊评价相结合，定性评价与定量评价相结合。

（五）存在不足

1. 学校的教学成绩整体质量长期处于区、镇最后位置，超区、镇平均分的科目不多，甚至出现个别科目与区、镇平均分相差较大的现象。

2. 场室仍然严重不足，建设资金严重缺乏：如没有教师会议室，图书馆、档案室、荣誉室、教师办公室、报告厅及教师用电脑和语音室等。

二、发展愿景与目标

（一）办学理念

学校文化建设关系着整个学校的发展内涵，是学校精神气质的重要组成部分，也是学校长远发展的重要基石。"新三和"文化及办学思想整体设想：构建学校核心文化，为"文化强校"打下基础。

核心：为党立教，为国育才。

办学愿景：创建"新三和"特色文化品牌学校。

学校精神：新和文化，和行天下。

核心价值：适合就是最好的。

办学理念：和健身心，创新发展。

培养目标：培养有家国情怀、国际视野之人才。

校训：和己和人和天下；

校风：律己达人；

教风：有教无类。

学风：求真创新。

课改理念：合和共进。

（二）总体目标

1. 办学方向：为党立教，为国育才。创建"新三和"特色文化品牌学校。

2. 目标定位：推进乡村教育振兴，打造云北教育名片。

3. 质量要求：以评价促质量，以管理促成绩，争取 3 年时间，大幅度提升教学成绩。

4. 创建特色：①校园特色项目足球"一校一品"向高端化发展，打造学校精品品牌。②和谐校园家校共建。家委会是学校处理各方面关系的桥梁，有其参与学校的管理，学校的发展将会在"和合共进"中迅速提升。③"新三和"志愿者。以"新三和"文化为引领，"和己、和人、和天下"，胸怀祖国，心系天下。

（三）具体目标

1. 党建与思想政治工作

一是加强学习营造氛围。加强基层党建工作。强化党员思想建设、党性修养及党员学习。组织教师学习《习近平谈治国理政》第三卷，并作学习动员与学习活动安排，要求教师必须学懂、弄通、做实习近平新时代中国特色社会主义思想。

二是党建引领，内涵发展。党建引领即充分发挥共产党员先锋模范作用和基层党组织战斗堡垒作用。学校成立"共产党员先锋岗"，实行党员包班制，进一步压实责任，一个党员一面旗帜。

2. 校园建设目标

一是硬件建设：需要加强校园环境与学校功能场室的建设，包括各科实验室、音乐室、美术室和图书馆、体育馆、报告厅等的建设。

二是学校文化建设关系着整个学校的发展内涵，是学校的精神气质的重要组成部分，也是学校长远发展的重要基石。"新三和"文化及办学思想整体设想：构建学校核心文化，为"文化强校"打下基础。

三是信息化建设和安全文明校园建设也要相应完善。

3. 教师成长目标

党员队伍、干部队伍、骨干队伍，以培训促进步，以评价促提升。

（1）党建工作引领教师发展。

（2）加强干部队伍的优化，提高工作效率。

4. 学生发展目标

（1）强化养成教育。

（2）活动育人。

（3）推进课程建设。

（4）校园五星评比和班级流动红旗评比。

（5）足球、书法、家校共育等特色建设。

三、课程与教学建设

1. 落实国家课程，焕发教育生机。过去由于学校师资紧缺，造成课程不能很好地贯彻实行，音、体、美、道法、科学、信息技术等课程要么被占，要么没有专业教师，致使学生一个学期上不了几节"小课"，也导致农村学校的学生音、体、美各项素养跟城里学生的差距越拉越大。在育人目标的指导下，学校积极行动，克服师资短缺的困难，通过合理排课，严格落实国家课程，让这些"小课"正式走进了学生的生活，受到了学生的普遍欢迎。

2. 教师岗位大练兵，关注课堂，向课堂教学要质量。骨干教师带头，人人参与，个个争先，充分运用信息技术手段在教学中的使用，提高课堂教学效率。

3. "和"文化课程建设。以学校"新三和"的核心文化构建课程核心思想，发挥课程作为办学载体的作用。课程目标具体指向学生发展的核心素养，课程实施旨在让学生通过理论与实践相结合实现深度学习。

四、家校合作

1.建立健全新和学校家委会。

2.成立家长学校，加强家长培训。

3.大力推进家长"推门听课"加强教学的监督等。

4.推进家长志愿者服务队建设。

五、目标推进排序

结合学校情况，按照重要程度将工作目标排序，可以分为重要目标、一般目标

（一）重要目标

1.学校师资建设，党员队伍、干部队伍、教师队伍的建设。

2.加强课程建设。

3.努力提升教育教学质量。

（二）一般目标

学校硬件建设，包括校园环境建设和学校信息化建设与场室建设。

六、保障条件

（一）教育主管领导、校长、班子成员职责分工

1.具体分工

（1）曾国如校长、书记，负责全面工作；分管德育，督导。

（2）龙志健（副校长）分管党务、后勤、人事、安全、卫生工作及校长室交办的其他工作。

向江礼（副校长）主管教学、智慧课堂开展、体育、艺术、招生工作及校

长室交办的其他工作。

（3）黄达苏（副主任）负责工会、人事、档案室工作，协助校长室分管相关工作。

刘秉乾（校长助理、主任）负责行政办公室全面工作，主管总务处工作，协助招生工作。

张映斌（主任）负责教导处全面工作，课改工作、信息化、毕业班工作及高年段教学管理。

徐叶霞（副主任）负责教科研及校本课程开发与管理、学籍报表、教师继续教育、招生、场室管理、图书馆管理及中低年级部教学等工作。

石韧（主任）德育处全面工作，德育规划，高年段德育常规，迎评迎检，特色创建、宣传。

陈学能（副主任）中小学家校共育工作、中低年段德育常规等，协助校长室外联工作。

2.对标学校：龙岗学校

同处在钟落潭镇片区，有着较多相同之处，新和学校要想在教学质量上冲出片区，首先就要以龙岗学校为榜样。

3.名校长、名教师工作室

（1）曾国如白云区名校长工作室。

（2）广二师的专家团队驻校指导。

（二）制度建设

1.大力推进教师评价制度建设。如师德考核预评价岗位聘任考评制度及教师绩效考核方案、考勤制度等。

2.学生评价。建立健全学生德育考评方案，开展学生发展性评价、星级学生评比等。

3.家长考评方案等。

（三）经费保障

为提高教学质量，突出教学工作的中心地位，实现学校总体发展规划和人才培养目标，保证教学经费及时、足额投入教学工作中，必须有经费的保障。

1.教学经费

教学经费指日常教学经费和教学设备购置经费，具体包括教学业务费、教学差旅费、体育维持费、教学仪器设备维修费及教学科研仪器设备购置费、图书资料购置费等。

2.教学经费预算管理的原则

（1）统一领导、分级管理、指标控制的原则。在学校的统一领导下，根据学校教学工作的需要统筹安排和使用各项教学经费，同时划分财权，由学校进行分级管理。

（2）统筹安排、保证重点的原则。在量入为出、收支平衡的前提下，每年在安排经费预算时，除人员经费外，应优先安排教学经费，使教学工作的中心地位在经费预算中得以体现。

（3）保证总量、逐年增长的原则。为保证人才培养的质量，学校每年投入的日常教学经费应不少于当年总额的30%，且保证生均日常教学经费逐年增长。

（4）为确保教学经费足额投入教学工作中，学校将加大教学经费的监督力度，建立完善的监督机制，保证教学经费能够足额、充分、高效地使用，严禁挤占、挪用。

3.具体做法

（1）学校监督。学校分管教学经费的负责人应于每年年底向全体教师汇报经费的使用情况。

（2）财务监督。会计人员应提高业务水平和责任意识，对每笔支出认真审核，严格把关，杜绝不合理，不合规的支出。学校每年定期对学校的教育经费投入使用情况进行专项的监督、检查，并公布检查结果。

广州市白云区竹料第一中学校长任期目标责任书

一、发展基础

广州市白云区竹料第一中学创办于 1986 年 8 月,位于美丽的流溪河畔,现包括南、北两个校区。南校区坐落在白云区钟落潭镇竹料大街 184 号,占地面积 23815 平方米,建筑面积 12256 平方米。北校区为原竹料二中,坐落在寮采村,学校占地面积 23310 平方米,建筑面积 5917 平方米。学校绿榕掩映,鸟语花香,环境优美。历经数十年的风声、雨声、读书声,学校已发展成为一个现有教职工 76 人,学生 1017 人,24 个教学班的绿色园林学校。学校所有课室和功能场室基本上配备了先进智能互动平台,有设备齐全的新型实验室、学生活动室、体育运动场等,在硬件设备设施方面基本达到现代化学校标准。

学校重视学生学习自主性,重视学生个性发展,重视学习质量提升的持续性,利用与广东省足球训练基地为邻的地理位置与人文环境的优势,设立足球训练、划艇训练等课外训练班,争创传统体育项目特色学校。学校在上级主管部门的正确领导下,齐心协力,砥砺奋进,全力打造学校"一校一品"体育艺术特色品牌,中长跑、跆拳道、篮球、舞狮、管乐团等项目已经成为学校体育文化艺术特色的一张名片。务实求真,携手铸辉煌。学校坚持以质量和特色谋发展的办学思路,切实打造竹料第一中学良好的教育品牌,规范制度,自主管理,增效减负,注重教师培养,培养出了一支有着团结、奉献、协作、竞争精神,教育教学都能独当一面的教师队伍,涌现了一批市级、区级的骨干教师、优秀班主任等称号的教师,为高一级学校输送了一批又一批尊爱师长、热爱学习、追求梦想的优秀学生。

但是,因学校地处偏远,对学校发展存在一定劣势。

1.不少有条件的家庭都到广州等城区购房置业,造成了不少尖子生的流失,初一新生招生工作的优质生源流失严重。

2.有相当一部分的学生因家长外出工作成为留守学生，家庭教育缺失，学生缺乏学习动力，学生厌学情况比较严重。

3.教师队伍中原有的市优秀教师、区骨干教师、名教师都已经调离本校，缺少骨干教师，缺少名师引领，缺乏课题研究的教师。

4.教师学科结构比例不合理，年龄结构比例不合理，教师年龄普遍偏大，人均年龄超 48 岁。近十年没有新教师补充进校，缺乏青年教师。

5.校园文化建设缺乏整体规划、设计，制度文化、观念文化需进一步修改完善，使之入脑入心，变成自觉行为。

6.学校对课程建设做了一定探索，但有待进一步深化未能形成科学的、有特色的校本课程的体系。缺乏体育、信息技术、美术、音乐等学科的相关兴趣小组，学生校园生活较为单一。学校的任务很多时候是在外部力量推动下进行的，学校缺少一种内生的发展活力，发展的需要往往来自上级行政部门的压力，视野拓展和信息传递都比较被动。这些所存在的问题，已成为学校发展中急需解决的问题。

二、发展愿景与目标

（一）办学理念

办学理念：内生竹溪之品，通达四方锦程。

校训：通情达理、通慧达志。

校风：通文达仁、坚韧共进。

教风：外直中通、爱润众生。

学风：通故达新、通难达标。

德育理念：通礼达德、润化心灵。

课堂理念：合作探究、通智达灵。

管理理念：刚柔相济、通达幸福。

办学目标：通人人锦程，达优质特色。

培养目标：多元发展、通人达士。

办学特色：通达教育。

（二）总体目标

从时代的发展对学校教育的要求出发，以党的教育方针政策为指引，以立德树人为根本任务，在继承传统的基础上不断创新，围绕"内生竹溪之品，通达四方锦程"办学理念，以"通情达理、通慧达志"为校训，以教育科研为先导，以素质教育为根本，以课改为抓手，培养创新精神和实践能力为核心以现代的教育思想、教育理念、课程体系、教学策略和先进的教学设备为办学的有力保障，以激昂的斗志、焕发的精神，力争经过三年的不断努力，创建具有"通达"文化特色的"个性飞扬的学园，智慧润泽的乐园，幸福成长的家园"。让每一个师生多元发展，走向成功之路，把学校创建为环境美、校风好、队伍强、质量优、有一定特色的学校，并得到上级领导认可，社会肯定、家长满意、学生向往的学校。

（三）具体目标

1. 党建与思想政治工作

全面贯彻党的教育方针，落实立德树人的根本任务。学校党建与思想政治工作目标为：

（1）坚持学校党支部对学校教育教学一切工作的领导，强化教师政治意识、大局意识、核心意识、看齐意识，让教师自觉在思想上、政治上、行动上与以习近平同志为核心的党中央保持高度一致，引导广大师生做社会主义核心价值观的坚定信仰者、积极传播者、模范践行者，培养德智体美劳全面发展的社会主义建设者和接班人。

（2）确保学校党支部在政治上的领导和思想上的引导，将学校党支部作为学校师生思想教育的根本保障和开展师生思想政治教育的主阵地。将培养什么人、如何培养人始终作为学校党建的重要工作。

（3）加强学校党建工作，强化思想引领，凝聚共识。充分发挥学校党组织的领导作用，强化党建带队促进团建、队建工作有序、有效开展。

（4）围绕学校发展抓党建，不断增强学校教师队伍的凝聚力和战斗力，努力拓宽党的工作领域，促进学校和谐发展，以创新的精神来解决当前党建工作中出现的新情况和新问题，从广度和深度上拓展党的工作领域。

2. 校园建设目标

（1）总体目标

改善办学条件，提高校园文化品位。学校教学设备设施得以完善，更新教学设备。做到校园环境的净化、绿化、美化，逐年完善"通达"主题文化建设。通过让墙壁说话，让花草生情，努力追寻充满"诗情画意，文化品位，育人氛围和审美价值"的校园环境对学生的教育起到"润物细无声"的作用。

（2）具体目标

①改善办学条件，为教育教学助力。按照每个教师拥有 1 台电脑正常能使用的标准，增添电脑，同时保证班班有教学平台正常使用。每年投入一定的资金增添音乐教具、美术教具、体育器材及设施以及理、化、生等场室的仪器，购置图书、电子图书、音像资料、订阅报刊等。每年投入 3 万元添置维修防火、防盗等安全设施。力争投入一定资金建设校园网站和校本教学资源库，充分发挥其在教育教学和学校管理中的作用。

②规划设计具有竹溪文化底蕴的"通达"内涵的景观。包括校门文化、校门口形象墙，展示办学理念文字、校徽诠释。通达广场、绿化带、校道等设计，广场设置雕像，镌刻与雕像匹配的文字，以突出学校的文化主题。

③班级文化建设以动态和生态文化为主。

④通过教育、督促、评比等方式方法，培养学生美化校园的意识和习惯，保持校园整洁，形成"通文、达仁、坚韧、共进"的校风。

3. 教师成长目标

加强教师队伍建设，提高教师队伍素质。

（1）以"四风"建设为导向，加强领导班子建设，建设一个廉洁自律、团结协作、观念前瞻、乐于服务、苦干实干、民主和谐、坚强有力的领导班子。建立一支思想素质高、责任心强、业务精湛、团结向上的教师队伍。3 年内实施教师种子计划、攻关计划、领航计划，培养学校名师工程，实现"一师一优课，一科一名师"，培养1—2名具有教学特色名师。打造学校课题攻关优秀科组团队，具有现代教育技术素养、科研能力的教师队伍，进一步提高教师应用现代教育信息技术进行教育教学的能力。

（2）建立和完善教师评价制度，明确任务和职责，统一思想，按工作规程及准则开展工作。倡导和培养民主、协作、务实、正派的工作作风。

（3）抓好教师评价的监督和考核。在广东第二师范学院专家团队的帮助与引领下，推动学校教书育人评价、教师团队评价、教师个人评价相结合，助推业务立校，让教师在教学改革中成长，让教师在质量提升中得到自信。

（4）学校领导班子要经常关心教职工的思想、工作和生活，增强服务意识，促进各方面和谐发展。逐步改善教师的办公和生活条件，积极开展教工文体活动，活跃教职工业余文化生活，增进身心健康，同时要做好工会、共青团的工作，关心每位教职工的家庭生活。

（5）加强干部队伍执行力建设。把关心爱护与严格要求结合起来，真心培养，明确职责，确保学校事事有人管，人人有事干，消除管理上的盲区。深入一线，加强指导、检查，推动各方面的工作，帮助教师提高工作、学习效率。依靠领导班子的集体智慧、务实作风、敬业精神管理学校，推动各项工作的整体发展。

（6）组织教师学习领会教风建设要求。热爱教育事业，投身工作之中，不厌倦，不懈怠。满怀激情，带着情感走向学生，热爱学生，负起责任，公正公平地对待每一个受教育者，对学生一视同仁，尊重学生人格。不仅能教好生，还能教弱生，要乐于教弱生，善于引导，有办法、有成效，务实创新。既追求卓越，又脚踏实地；既紧随时代，学习新理念，创新教法，又踏实进取，不骄不躁。

（7）健全教师学习制度，认真开展普法工作。组织全校教职工反复学习《义务教育法》《教师法》《预防未成年人犯罪法》《中小学教师职业道德规范》等法律法规的主要内容，杜绝体罚、变相体罚学生行为。

（8）通过请进来、走出去，支持教师开展教科研工作。大力组织教师参加各类比赛，对课题研究、撰写论文、各类竞赛取得好成绩者进行奖励。

（9）组织教师开展"推门听课"活动，互相学习，取长补短，全面提高教师的课堂教学水平。鼓励大部分老师在区、镇范围内开设示范课、观摩课。

4.学生发展目标

学校坚持以立德树人为根本任务，把培育和践行社会主义核心价值观融入教书育人全过程，培养学生成为德智体美劳全面发展并具个性化发展的合格中学生。

（1）建设有利于学生健康成长，有利于学生创新精神培养，有利于学生实践能力提高，有利于学生和谐发展和个性特长充分发展的氛围，让每一个学生都有所发展，让每一个学生都能发挥特长和智慧，让每一个学生在学校有幸福感、成功感。

（2）制定"五星学生"评比方案，有效推进方案的落实，每学期评出最美学生、学习之星、体育之星、劳动之星、艺术之星，实现"一生一特长"。

（3）以活动为途径，开展品牌班级、品牌活动的建设，进行品牌班级的系统构建，包括品牌精神文化、制度文化、行为文化，形成品牌班级的运行机制、运行模式、运行策略，班级标志、行为方式、班级活动、班级组织、班级制度、班级精神、班级形象，设计班徽、班旗，完善黑板报、橱窗、生态角及班级标志的装饰等。

（4）以文化节为主线，开展"竹溪文学社""竹溪书画会""竹溪咏诗赛""中华经典诵读和书法大赛""阅读节"等文化活动。围绕学校通达教育"通礼达德、润化心灵"的德育理念开展德育主题活动：一是以提升个人修养为目的的习礼教育；二是以谋生为指向的劳动教育；三是以读书活动为重要载体的达理教育；四是以保障生命为目的的健康教育；五是善良感恩的孝道教育；六是培养科学态度的科学教育；七是以获得自由的法纪教育；八是尽忠职守的责任教育；九是树立国家意识的爱国教育；十是明确人生方向的理想教育。把这10个德育主题按每学年10个教学月，每月固定一个德育主题，与当月的主要节日和校园文化节活动相结合，形成主题教育、主要节日和文化活动大致统一的当月教育系统。采用"集中教育"的方法，每年用一个月的时间通过宣传栏、校园网站、《竹溪报》、黑板报等四大平面阵地和校会升旗仪式、主题班会、课堂教学等活动宣传阵地，把相关德育主题的知识向学生进行宣传教育，让这些信息在一个时间段里反复刺激学生的大脑皮层，使学生对相关内容耳熟能详，入脑入心。具有"通情、达理、通慧、达志"的品德和健全的人格，具有良好的学业素养，具有自主发展的能力素养，具有基本的人际交往素养。

（5）以科技、体育、艺术项目为中心，开发"无线电测向""定向越野""航模"为龙头的科技活动课程。组织学生参加社会实践，结合校本课程的学习，养成良好的劳动习惯，使学生得到更多的劳动、生活和交往的经验。引导学生自觉参加体育锻炼，构建健康、向上的审美观，培养健康的心理素质和较强的社会交往素质，使学生具有健康的体魄和健全的人格。全校性大课间（含学校自编操）评比；班际男、女子足球赛等活动，引导学生积极参加体育锻炼，每学期举办艺术节、科技节、读书节、体育节以及各类社团活动等，培养学生参与的兴趣，提高学生的艺术素质。

5. 课程与教学建设

学校认真落实国家课程、义务教育课程，在设置计划的基础上，积极推进课程与教学建设，坚持"合作探究，通智达灵"课改理念，打造高效的"通达课堂"。

（1）引导学生在研究性学习活动中学会探究、学会合作、学会自主学习。课堂上教师通过激情导入、自主学习、思维导向等环节，不仅让学生学会基础知识，在教学中要重在拓展学生的潜能，培养学生的学习能力，教会学生学习的方法。课堂上让学生主动发展，动态生成充分展示自我。课堂的主体是学生，学生有机会积极表现自己，有展示自我的舞台。课堂上，应把老师的讲解与学生的动手实践、自主探索和合作交流结合起来，思辨性的展示，生成性的点拨，留给学生充足的时间与空间，做到尽情展示，让学生体验到通达成功的快乐，通故达新，通难达标。

（2）以"导问通学，展练达标"为课堂模式。导问通学以问题导学为切入，引导学生发现问题、提出问题、解决问题。自学过程中不能解决的问题，以学习小组为组织单位，由学习组长组织成员对照导学案开展有效的合作、探究、对子帮扶。老师深入小组参与学生讨论，及时发现问题，作好学情调查，生成有效教学资源。既重视教师引导、点拨、示范的"导"的过程，更注重学生主动学习、自主探究、互助研讨的"学"的过程，提高学生的问题意识与解决问题的能力。引导每一个学生主动参与探索分析问题、寻找解决问题的方法，使每一个学生切身体会知识的发生过程，从而牢固掌握新知，学会学习方法。师生、生生各方始终以"问题"为焦点与结合点展开，多向互动、合作解决问题，激发学生学习兴趣，开拓学生的思路，加深理解能力，培养学生多向思维的能力，提高自学能力和课堂学习效果。展练达标，展示与练习、点评与质疑是通学通难的关键，通过练习，提高学生运用所学知识解决问题的能力及创新能力。通过个体展示或小组展示，展示学生学习思维、学习方法、学习成果、学习难点，师生质疑不同思路、不同方法，点评思路、总结规律，突破重难点问题。教师精讲点拨，启发学生的思路，归纳学生解决不了的问题，指导方法，补充知识规律，实现整合和升华。

步骤与方法：独立解决问题（课前预习，堂上先学），合作解决问题（同伴助学，学生主教），展示点评（活动展学，学生主讲，老师点拨），精练检测（同伴互改，课后补学）。

（3）加强集体备课、教研。一是"求精"，精心备课，精心辅导，精选作业题；二是"破点"，抓住重点、突破难点、落实知识要点；三是"培能"，让学生探究、合作，提高思维能力、解决问题的能力，提高听、说、读、写、思、议、评等学习能力。在学生中也建立帮带机制，兵教兵，兵练兵。

（4）引导"四人互助组"在课堂上互助、合作，主动参与学习活动，培养学生自主学习的能力和主动探究的意识，不断提高学生的学习素质。勤奋学习，善于思考。生生合作，师生合作，共同进步，课有所进，日有所进，学有所进。

（5）加强随堂听课，共同研磨，提高全体教师的教学水平。学校行政主动深入课堂听课，实地掌握一线教师的教学状况。教研组长带头在教师之间开展同学科、同年段或跨年级的听评课活动。听课后及时与授课者交流、反馈信息,认真评课,授课教师及时根据评课内容、学情和自己的感想写一份教学反思。

6. 家校合作

家校合作的目标是更好地发挥学校与家庭各自的优势,通过家庭教育的优势来弥补学校教育的不足,用学校教育的优势来指导家庭教育使学生家长对学校教育形成强大的支持。从而使学校在推进素质教育中拥有了强大的支持者和同盟军。扩大了学校推进素质教育的教育资源。

(1)成立学校家长委员会,积极发挥家长委员会沟通、服务、参与、管理的作用,让家委会积极参与学校活动,形成教育合力。

(2)开办家长学校,利用家长学校对学生家长进行培训,让他们学到一些科学的教育小孩的方法。

(3)召开形式多样的家长会,让家长从不同层面了解孩子在学校的情况,也能就孩子的教育方式、方法进行深入探讨,从而达成学校与家庭教育共识。

(4)家访。

(5)设立家长开放日。

(6)学校举办"亲子活动"。

(7)邀请有一定特长的家长参与学校社团活动,让他们指导、辅导参与这类社团活动的学生。

(8)举办假期"家庭经典"亲子阅读活动。

结合学校情况,按照重要程度将工作目标排序,可以分为重要目标、一般目标。工作目标排序为:党建与思想政治工作,校园建设目标,教师成长目标,学生发展目标课程与教学建设,家校合作。

三、保障条件

(一)教育主管领导、校长、班子成员职责分工

1. 教育主管领导

实施乡村振兴战略，须高度重视发挥教育的功能作用，为乡村振兴战略持续有效实施提供重要支撑，关心支持农村学校，在师资配备、经费保障等方面，给予充分支持，同时加大对农村学校教育发展的指导和扶持力度。

2.校长

作为学校法人代表和第一责任人，校长全面贯彻党的教育方针，坚持社会主义办学方向，落实立德树人的根本任务，坚持党对教育事业的全面领导，坚持深化教育改革创新。结合学校实际，进行顶层设计，有效推进学校发展，让每一个师生多元发展，走向成功之路，把学校创建为环境美、校风好、队伍强、质量优、有一定特色的学校，并得到上级领导认可，社会肯定、家长满意、学生向往的学校。

3.班子成员

在推进学校发展过程中，强化学校管理，全面落实管理责任，班子成员分工必须明确，明确职责，各司其职，能主动、大胆、独立、自主、协调地开展学校管理工作。

（二）对标学校

广州市白云区龙归学校

（三）名校长、名教师工作站

在广东第二师范学院专家团队的指导下，校长理论水平、管理能力有较大提升，个别教师的教育教学水平、教科研能力也有不断提升，学校期待能建立名校长、名教师、名班主任工作站（培养对象为：校长黄杰锋。名教师张翠萍、萧小东、冯群艳、王建平。名班主任张瑞慰、谢丽喜、李丽玲）。

（四）制度建设

1.构建适应教育发展的、具有"通达"内涵的学校管理体系，建立起"勤政、通达、高效"的管理运行机制，提高管理效能。营造出一个通达的校园，包括师生之通达、生生之通达、家校之通达、教师与行政之通达、管理与服务之通达、教学与后勤之通达。

2.依法办学，按章办事，减少内耗，提高管理效能。第一，严格按照《义务教育法》《教师法》《广州市未成年人保护法》《中小学教师职业道德规范》《中学生日常行为规范》等文件要求进行教育和管理。第二，进一步完善学校的管理制度体系，注重管理手段的现代化。建设教师学习规范、学生学习规范、课堂教学规范、学生行为规范、学校环境规范、教研制度、绩效评价制度、质量评价规范、家长工作制度等，以此为基础，健全制度，有序执行，人文关怀与规范化管理相结合，建设"严格和谐，情理化人"管理文化，引导师生的行为。用制度规范行为，提升素养。从心入手，以情化人，以理化人，严格要求，身心和谐。用人文关怀点亮师生心灵，唤醒师生的潜能，激发师生的自信。第三，充分利用网络和信息手段管理教育教学工作，提高管理的精细化程度。

3. 推进校务公开工作，实现管理的民主化。主动接受社会各界的监督，办人民满意教育，规范教育教学行为。

4. 坚持刚柔相济、情感治校，努力营造民主和谐、互助互爱的人际关系，增强主人翁意识，使广大教职工自主参与学校管理，从而提高管理水平。

5. 强化德育管理，完善德育工作制度，注重德育工作的系列化和针对性，重视德育工作在各项工作中的渗透和学生主体作用的发挥，让学生学会做人、学会做事、学会生活、学会创新，培养学生自信、自尊、自强、自爱的品质，不断提高学生的思想素质。

（五）经费保障

1. 积极争取教育行政部门在政策、财力等方面的支持。

2. 以学校发展规划为依托，突出重点，保障教育教学、教科研、教师培训、课程开发等重点工作的顺利开展。

3. 科学合理使用经费，开源节流，杜绝浪费。

4. 认真执行财务制度，严格按规章办事，搞好财务预算，要做到量入而出，勤俭办学，在执行过程中必须做到有章可循、有法可依，确保学校经费发挥最大成效。

第二章 名校长工作站

第一节 名校长工作站概述

导师培养制度，是工作站推动基础教育的着力点。以名校长为导师，工作站在教育教学、科研管理、教学管理等方面对学员进行指导帮扶。以钟落潭镇13所学校园长（或副园长）、校长（或副校长）为培养对象，工作站以师带徒为主要培养形式，共同开展基于线上和线下的学科研究、教改探索和教学磨炼、学校管理实践与研究。

一位好校长，就是一所好学校。工作站最实际的作用，就是促进教育均衡发展，"孵化"好校长、办出好学校。

以三年为目标规划周期，以工作站为开放的资源平台，积极发挥导师资源作用，将专家名师"请进来"下校诊断和讲学，让本地学员"走出去"跟岗学习，以资源共享促进发展提质。

根据白云区教育局委托广东第二师范学院开展"广州市白云区钟落潭镇学校自主发展与校长任期目标科研服务项目"合同要求，为进一步实施教育创新驱动发展战略，明确双方工作职责，提出了"教学共进"计划。

坚持以习近平新时代中国特色社会主义思想为指导，深入贯彻党的十九届二中、三中、四中全会精神，贯彻落实全国教育大会精神和全国基础教育工作会议精神，落实立德树人根本任务，发展素质教育，深化课程改革，构建符合广东实际、具有广州特色和体现时代精神的"教学共进"实施方案。

一、坚持育人为本

遵循教育教学规律和学生身心发展规律，协同高校专家，中小学名校长、名师，地方教育行政人员，着力发展学生核心素养，增强学生综合素质，满足学生不同学习需要，为学生成长成才奠定坚实基础。

二、做好整体设计

立足学校实际与地域文化特色，把握好学校自主发展与特色建设的关系，把握好教师发展与教育教学改革的关系，把握好学生发展核心素养与学科核心素养之间的内在关系，做好学校发展的整体设计，形成学校自主发展的"一校一案"。

三、坚持协同推进

统筹区域和城乡发展，建立教育行政部门、高校、中小学校协同推进的长效机制，充分激发中小学校教育改革发展的内生动力，形成多方联动、开放高效、富有活力的新格局。

广东第二师范学院培训与社会服务处、白云区教育研究院、钟落潭镇教育指导中心成立"共进计划"领导小组，由广东第二师范学院培训与社会服务处领导担任主要负责人、重大项目部负责执行，由钟落潭镇教育指导中心统筹工作，由13所中小学具体落实。在钟落潭镇13所学校各成立一个名校长工作站，由广东第二师范学院聘任省级教育名家担任名校长工作站主持人，工作站采用"1+N"模式，N是所在学校校级领导。

对于中小学校长而言，办学实践是他们思考的起点。因此，在研究课题设置方面，导师将基于学员在办学实践中真实存在、感到困惑的问题而设置，与学员讨论形成方案，建立适合学员的发展模式，实现研究与实践、培训一体化。

第二节 名校长工作站工作方案

许贤苏名校长工作站进驻竹料三小工作方案
（2020年9月—2023年8月）

一、指导思想

以习近平新时代中国特色社会主义思想为指导，根据《中共中央、国务院关于全面深化新时代教师队伍建设改革的意见》《广东第二师范学院、广州市白云区人民政府共建共管广东第二师范学院实验教育集团协议》《广东第二师范学院聘用名校长工作站主持人合作协议书》精神，为进一步实施教育创新驱动发展战略，落实共进计划，建立名校长工作站，根据实际情况，制定本方案。

二、工作站的目标

1.培养至少1名校长。

2.提升竹料三小的教育教学质量，形成办学特色、创建学校品牌，提升学校影响力。

3.全面提升教师的教育教学水平，指导学校制度建设、学校文化建设、教师队伍建设、课程建设、课堂教学改革、学生发展体系等。

三、工作站组织结构和成员组成

（一）工作站主持人

许贤苏，中共党员，本科学历，中学语文高级教师，现为广东省佛山市南海区狮山实验学校党支部书记、校长，是全国名校长、中国好校长、全国星星火炬奖章、南粤优秀校长获得者，广东省名校长工作站主持人，广东省中小学校长培训指导专家，广东省中小学校长培训中心客座教授，北京师范大学亚太国际教育培训中心课程专家，广东第二师范学院兼职教授，佛山科技学院人文与教育学院硕士研究生导师，佛山市人大代表，佛山市首批名校长，南海区首席校长。

许贤苏是"气质教育"品牌模式创始人，先后主持全国、省、市、区级科研课题 10 多项，多次获广东省教育创新成果奖，2017 年获广东省普通教育教学成果一等奖，数十篇论文获奖或发表，先后出版《教育有道》《美育型校园文化构建》《气质教育探索之路》3 本专著，应邀在全国各地讲课近 200 场，培养省内外跟岗挂职学习的名优校长 285 人。

（二）工作站成员

姓名	工作单位	职务	职称	学科
曾祥广	广州市白云区竹料第三小学	校长	高级教师	数学
萧智敏	广州市白云区竹料第三小学	副校长	高级教师	英语

四、工作站的职责和任务

（一）名校长工作站主持人工作职责

1. 以 3 年为培养周期，指导工作站的学校发展，每个名校长工作站至少培养 1 名校长。

2. 在培养周期内，名校长工作站主持人每学年组织不少于 4 次指导活动（每次不少于 6 个学时），指导培养对象（校长）开展学校管理、团队建设、课程教学改革、学校特色打造等方面工作。

3.在培养周期内，名校长工作站积极指导培养对象（校长）开展教育教学研究，工作站围绕凝练学校发展开展区级以上教育管理课题研究1项，并形成1项以上富有特色的论文（或著作）等教育研究成果，研究成果须在区级以上刊物发表（出版）或区以上教育行政部门主办的活动中获奖宣读。

（二）培养对象（校长）职责

1.名校长工作站培养对象（校长），在主持人的指导下，积极主动开展学校管理、团队建设、课程教学改革、特色打造等方面工作。

2.名校长工作站培养对象（校长）在培养周期内，每年到主持人所在学校跟岗学习不少于1次。

3.主动对接名校长工作站主持人，制定并落实专家进校指导时间计划，开展相关活动。

五、指导方式

跟岗学习、现场诊断、课题研究、示范引领等。

六、主持人每年到竹料三小工作具体计划

（一）第一次到校

每年寒假时，主持人到竹料三小对下年度计划进行商讨。竹料三小列出需要指导的清单，做好全年的工作计划，并作上一年度工作人员总结、成果展示、经验分享。

对工作突出的工作室及成员进行奖励，颁发证书。

（二）第二次到校

每学期期中时间，主持人带语、数、英名教师工作站主持人到校进行全面调研，指导学校工作，提出可行性建议。竹料三小找出学校存在的问题进行研讨，形成整改清单。

1.听取学校各方面的汇报，分析评价。

2.作学期第二阶段的工作布置，对学年工作进行调整。

（三）第三次到校

每个暑假期间：1.听取上学期工作小结。2.总结上学期工作，并对第二学期工作进行布置。3.对学校管理、品牌建设、德育活动开展进行研讨学习。

（四）第四次到校

10月—11月，到校进行业务指导，听取学校情况汇报。问诊把脉。

七、跟岗学习的安排（每学期1次，每学年共2次，每次2天）

时间	任务	成果	备注
协商	学校的管理、品牌建设、德育管理等、课程规划等	形成跟岗小结撰写心得体会	

八、课题研究

确立学校发展的核心问题进行专题研究，两年时间内完成1项课题研究。

九、工作站工作经费

按照《广东第二师范学院聘用名校长工作站主持人合作协议书》执行。

许贤苏名校长工作室

2020年9月30日

李小田名校长工作站教学共进工作方案

（2021年1月—2023年12月）

为贯彻《中共中央、国务院关于全面深化新时代教师队伍建设改革的意见》《广东省委、广东省人民政府关于全面深化新时代教师队伍建设改革的实施意见》，切实做好名校长工作站工作，充分发挥名校长工作站的专业发展功能，培养出高素质的有教育家思想的优秀校长，依据《广东第二师范学院与白云区钟落潭镇 13 所学校共进计划专家进校实施方案》和《广东第二师范学院聘用名校长工作站主持人合作协议书》，结合白云区蟠龙小学实际，制定如下教学共进工作方案。

一、基本思路

1. 工作站设在钟落潭盘龙小学，由李小田和萧鉴彬校长协同工作。

2. 工作站以"自主性、合作性、研究性"为工作原则，以"学习创新促发展，模范辐射创特色"为工作理念，以教育教学实践中的真实问题为研究对象，扎实开展工作。

3. 创新工作站工作方式。通过理论学习、专家引领、考察观摩、交流探讨、课题研究、个人自学等多样的工作方式，运用"找准问题、开展研究、发表见解、提升素质、改进管理、形成思想"发展思路，对管理工作或专业发展中遇到的疑难或困惑进行梳理、归纳、提炼，进而确定为研究课题，使工作站校长在本地区有一定影响力，能够形成独具一格的办学风格，学校具有高质量的教育办学水平。

二、培养目标

（一）总体目标

在广东第二师范学院和钟落潭镇教育行政部门的领导下，培养造就政治过硬、品德高尚、业务精湛、治校有方的校长，努力培养具有现代教育思想和管理理念，有扎实的教育教学管理理论基础，有较丰富的教育实践经验，有较强的学校领导力，具有吃苦耐劳的实干精神、勇于创新的科学精神、开拓进取的拼搏精神、以人为本的人文精神和教育家素养的优秀校长；促进学员任职学校、教师、学生的共同发展和提高。大胆创新教育思想、教育模式、教育方法，形成教学特色和办学风格，努力成长为教育家型的校长。认真对照《广东第二师范学院与白云区钟落潭镇 13 所学校共进计划专家进校实施方案》中的各项指标，出色地完成工作室的各项任务。

（二）具体目标

1. 校长发展

完成 300 课时的阅读任务；完成 1 项区级以上课题研究，在省级以上刊物发表 2 篇以上教育教学论文；获得 1 项区级以上荣誉。

2. 教师发展

教师的教学观念有所更新，教师团队的凝聚力有所增强，教师的教学能力和教学水平有所提高，教师的科研项目和教育教学成果有所增加，教师的职称晋升和各项荣誉获得有所上升。"三师计划"（讲台上骨干教师、学科研究型教师、学科教学风格教师）得到落实。

3. 学生发展

学风有所改善，学习已成为一种风气，学生的综合能力和综合素养有所提高，六年级学生升读优质中学人数逐年增多。

4. 学校发展

办学理念有所提升，学校制度得到完善，学校文化建设得到丰富，教师队伍建设得到加强，课程建设适合学生的发展实际，课堂教学改革取得较好的效果，学校内涵得到发展，办学质量得到提高，学校的信誉度和美誉度得到提升。

三、组织机构

1. 名校长工作站主持人：李小田。

2. 名校长工作站培养对象：钟落潭镇蟠龙小学校长萧鉴彬。

3. 名校长工作站助理：由校长萧鉴彬指定。

四、工作职责

（一）名校长工作站主持人工作职责

1. 以3年为培养周期，指导工作站的学校发展，并至少培养1位名校长。

2. 在培养周期内，名校长工作站主持人每学年组织不少于4次指导活动（每次不少于6个学时），指导培养对象（校长）开展学校管理、团队建设、课程教学改革、学校特色打造等方面工作。

3. 在培养周期内，名校长工作站积极指导培养对象（校长）开展教育教学研究，工作站围绕凝练学校发展开展区级以上教育管理课题研究1项，并形成1项以上富有特色的论文（或著作）等教育研究成果，研究成果须在区级以上刊物发表（出版）或区以上教育行政部门主办的活动中获奖宣读。

（二）培养对象（校长）职责

1. 名校长工作站培养对象（校长），在主持人的指导下，积极主动开展学校管理、团队建设、课程教学改革、特色打造等方面工作。

2. 名校长工作站培养对象（校长）在培养周期内，每年到主持人所在学校跟岗交流学习不少于2次。

3. 主动对接名校长工作站主持人，制定并落实专家进校指导时间计划，开展相关活动。

五、工作方式

工作站主持人要集中成员的集体智慧为成员量身定做发展方案、发展路径，并实施精准的培养方式，促使其成为学有专长、术有专攻的名校长。

1. 理论培训（162课时）

（1）整体育人模式之精神文化建构（18课时）。

（2）学校"十四五"规划（12课时）。

（3）整体育人模式之制度建设建构（6课时）。

（4）整体育人模式之课程体系建构（24课时）。

（5）整体育人模式之课堂模式建构（30课时）。

（6）整体育人模式之课堂教学评价（30课时）。

（7）整体育人模式之教师专业提升（30课时）。

（8）课题研究（12课时）。

2. 阅读共进（300课时）

（1）外国名著选读（200课时）

主要包括：柏拉图《理想国》，卢梭《爱弥儿》，杜威《民主主义与教育》《明日之学校》《经验与自然》《艺术即经验》，哈伯德《自动自发》《把信送给加西亚》，史蒂芬·柯维《成功人士的七个习惯》，彼得·圣吉《第五项修炼：学习型组织的艺术与实务》，安东尼·罗宾《唤醒心中的巨人》等。

（2）国内名著选读（100课时）

主要包括：《论语》《学记》《陶行知教育文集》，钟启泉等的《基础教育课程改革（试行）解读》，曾仕强的《中国式管理》，李践《果断授权：让别人为你工作》，孙远航《学校发展规划与实施》，方中雄《学校品牌策划》，李泽林《重塑学校新家园：学校发展规划与实施》，季苹《学校管理诊断》《学校发展自我诊断》，李希贵《面向个体的教育》。

3. 跟岗学习（120 课时）

（1）学校价值观（战略主题）的厘定和特色创建。

（2）学校工作计划的产生及制度的建立。

（3）教师团队建设。

（4）学校德育管理。

（5）学校课程管理和质量管理。

（6）学校后勤管理。

（7）校本教研策略。

4. 课题研究

申报、开题、行动研究、结题、申报成果。

5. 示范引领

送教送课，特色创建。

6. 考察学习（80 课时）

（1）外市学校考察学习若干次。

（2）外省学校考察学习一次。

7. 岗位实践（500 课时）

工作站成员按照工作室确立的实践目标完成如下任务：

（1）完成工作站确立研究课题的研究或实验，形成课题研究论文或实验报告。

（2）完成本学校的改进目标，实现三个提高：一是提高研修学员自身的领导能力；二是提高学校的管理效率；三是提高学校的教育教学质量。

六、工作步骤（计划）

（一）三年总计划

工作站以校长的办学思想、办学理念、办学实践和综合评价为主线，以促进学校发展为依托，立足于学员校长的实际及学校的发展现状，着眼于解决工作站成员及其所在的学校成长发展过程存在的实际问题，促进成员专业化发展和学校综合办学水平提升，使学校在当地有一定影响。

三个主题年任务分别是：

第一年课程体系建构及整合实施；

第二年课堂模式建构及评价；

第三年教师专业提升。

（二）各年度计划

时间	地点	内容	负责人
2021年 1—3月	蟠龙小学	1.协调成立名校长工作站。 2.完善《"一校一品"工作方案》、制订具体年度工作计划，确定培养目标。 3.提升学校文化建设讨论。 4.阅读教育名著。	李小田、萧鉴彬
2021年 4月	蟠龙小学、坑口小学	1.学校问题诊断。 2.完善学校相关制度。 3.制定课程结构体系，并全员培训。 4.确定超市课程。 5.到主持人所在学校观摩研修。 6.阅读教育名著。	李小田、萧鉴彬
2021年 5—7月	蟠龙小学、坑口小学	1.申报课题（课程整合）、开题论证。 2.基于课例实施课程整合。 3.跟岗研修。 4.阅读教育名著。	李小田、萧鉴彬
2021年 8—10月	蟠龙小学、坑口小学	1.基于课例实施课程整合。 2.大力开展课题研究。 3.跟岗研修。 4.阅读教育名著。	李小田、萧鉴彬
2021年 11—12月	蟠龙小学	1.课程整合研讨会。 2.课题研究中期验收。 3.年度工作总结（课程整合）。 4.阅读教育名著。	李小田、萧鉴彬
2022年 1—3月	蟠龙小学	1.撰写研究论文。 2.召开教师座谈会，了解教师对学校课堂教学改革的意见和建议。 3.制定思维课堂改革方案。 4.阅读教育名著。	李小田、萧鉴彬

续表

时间	地点	内容	负责人
2022年4—7月	蟠龙小学、坑口小学	1.全面开展"思维课堂"教学实验（模式建构）。 2.开展"思维课堂"的研讨活动。 3.走进主持人所在学校观摩开展"思维课堂"研讨课活动。 4.培养对象中期验收、评价。 5.阅读教育名著。	李小田、萧鉴彬
2022年8—9月	蟠龙小学	1.进校指导思维课堂。 2.撰写并发表教育教学论文。 3.课题结题，成果展示。 4.阅读教育名著。	李小田、萧鉴彬
2022年10—12月	蟠龙小学、坑口小学	1.培养对象到工作站主持人所在学校跟岗。 2.继续开展"思维课堂"教学实验（制定评价工具），并提炼出阶段性成果。 3.召开学生、教师及家长代表座谈会，了解学生、教师及家长对学校的评价及建议。 4.制订教师专业提升计划（"三个一"）。	李小田、萧鉴彬
2023年1—3月	蟠龙小学	1.召开教师座谈会，了解教师对学校教学改革的建议。 2.完善教师专业提升计划。 3.阅读教育名著。	李小田、萧鉴彬
2023年4—8月	蟠龙小学	1."三个一"培养对象到外校参观学习，并撰写学习心得体会。 2.举行"思维课堂"教学大比武活动，检验教师成长成果。 3.举行学生技能展示大赛活动。 4.跟岗研修（外市、省）。 5.阅读教育名著。	李小田、萧鉴彬
2023年9—12月	蟠龙小学	1.撰写培养总结报告。 2.培养对象成果报告会。 3.专家对培养对象成果鉴定，培养成果展示、推广会。 4.考核评价，材料汇总。 5.结业仪式。	李小田、萧鉴彬、省二师专家

七、考核形式

1.过程性评价

是否按工作站要求完成各个阶段的培训计划，学习态度如何。

2.终结性评价

（1）学校的变化情况。

（2）课题成果。

（3）发表论文的质量和数量。

（4）个人发展情况。

八、健全制度

1.工作站不能是一个松散的游离的组织，要使工作站有效、高效，真正起到学习、研讨、发展的共同体作用，要在制度和人文双重的管理下运转。工作站主持人、成员、学员都是工作室的主体，应承担管理与自我管理的职责，主动参与工作室的各项活动，为此要确立主持人、学员、助理职责。健全工作站会议制度、培训制度、考核制度等。

2.完善工作站硬件建设，有必需的办公场地和办公设施设备等。

李小田名校长工作站

2021 年 1 月 18 日

孔祥明名校长工作站教学共进工作方案
（2021年1月—2023年12月）

为贯彻《中共中央、国务院关于全面深化新时代教师队伍建设改革的意见》《广东省委、广东省人民政府关于全面深化新时代教师队伍建设改革的实施意见》，切实做好校长工作站工作，充分发挥名校长工作站的专业发展功能，培养出高素质的有教育家思想的优秀校长，依据《广东第二师范学院与白云区钟落潭镇 13 所学校共进计划专家进校实施方案》和《广东第二师范学院聘用名校长工作站主持人合作协议书》，结合白云区钟落潭镇良田一小、二小的实际，制定如下教学共进工作方案。

一、工作站发展理念

面向未来，为打造"特色鲜明和区域品牌"的学校赋能。

培养能够"立足校本，发掘潜能，改革创新，形成区域品牌"的学校管理者。

二、工作站性质定位

工作站是帮助工作站成员学习成长的共同体：在主持人的带领下，成员共同打造以资源共享、人员互通、经验分享、相互促进、共同提高为纽带，以引领学校提高管理水平、提高办学质量、培育良好学校文化、更好地完成立德树人根本任务为目标的研修共同体。

工作站是促进工作站成员专业提升的助推器：在主持人的引领下，通过成员的自主研修，相互学习、相互借鉴、取长补短，从而提升成员的专业素养和领导力。

工作站是凝练工作站成员办学思想的孵化器：在主持人的帮助下，借助成员的集体智慧，全面检视学校工作，深度总结校本实践，力求提炼出传承学校历史、立足学校当下、放眼学校未来的办学思想、理念。

三、工作站主要任务

借助各级平台，依托信息化环境，通过学习研讨、结对帮扶、走教送教、示范引领等活动，传播先进的管理经验、研讨先进的教育、教学理念和方法，充分发挥名优校长在教育改革与发展中的引领、示范作用，提高主持人与工作站成员的管理、研究和实践能力，为促进广州教育优质均衡发展，也为粤港澳大湾区教育发展作出应有贡献。

四、工作站基本思路

1. 工作站设在钟落潭一小和二小，由孔祥明、曹坤祥、萧国标校长协同工作。

2. 工作站以"自主性、合作性、研究性"为工作原则，以"学习创新促发展，模范辐射创特色"为工作理念，以教育教学实践中的真实问题为研究对象，扎实开展工作。

3. 制定工作站三年规划和各年度工作计划：召开工作站成员研讨会，提出学习、自修、考察、互访的设想，寻找影响学校发展的瓶颈，聚焦几个学校问题的集合点，形成课题研究方向，在此基础上制定工作站三年规划和各年度工作计划。

4. 创新工作站工作方式。通过理论学习、专家引领、考察观摩、交流探讨、课题研究、个人自学等多样的工作方式，运用"找准问题、开展研究、发表见解、提升素质、改进管理、形成思想"发展思路，对管理工作或专业发展中遇到的疑难或困惑进行梳理、归纳、提炼，进而确定为研究课题，使工作站校长在本地区有一定影响力，能够形成独具一格的办学风格，学校具有高质量的教育办学水平。

五、工作站培养目标

（一）总体目标

在广东第二师范学院和钟落潭镇教育行政部门的领导下，认真对照《广东第二师范学院与白云区钟落潭镇 13 所学校共进计划专家进校实施方案》中的各项指标，出色地完成工作站的各项任务。

1. 通过理论学习及专家引领，掌握先进的教育思想及教育管理理念，根据学校的实际，能在学校已有成绩或特色基础上，提升特色品位，巩固特色成果，并努力使学校在区域或更大范围内产生一定的示范、引领作用。

2. 积极研究解决学校管理中的共性和个性问题。集中全体工作站成员的智慧为成员学校发展进行诊断，给予积极的建议和支持，同时彼此分享学校管理经验。

3. 提升独立承担课题研究的能力，在承担的工作站课题的子课题研究中取得成果，并能有效促进学校的发展。

4. 在培养期间，工作站成员制定切实可行的个人发展规划，充分利用名校长以及工作站成员的资源，通过研修学习，探索实践，不断提升专业化水平，力争三年后成为具有独特办学思想、较强管理能力和水平的学校管理者。

5. 以名校长工作站为平台，开展新课程培训和课堂教学研讨，促进成员所在学校及所在区域教师的专业成长。

（二）具体目标

1. 校长发展：不断提升管理水平，逐步提炼具有丰富内涵的办学思想，成为教育思想先进、管理水平较高、办学实绩优良的优秀校长培养对象。完成300课时的阅读任务；完成1项区级以上课题研究，在省级以上刊物发表2篇以上教育教学论文；获得1项区级以上荣誉。

2. 教师发展：教师的教学观念有所更新，教师团队的凝聚力有所增强，教师的教学能力和教学水平有所提高，教师的科研项目和教育教学成果有所增加，教师的职称晋升和各项荣誉获得有所上升。"三师计划"（讲台上骨干教师、学科研究型教师、学科教学风格教师）得到落实。

3. 学生发展：学风有所改善，学习已成为一种风气，学生的综合能力和综合素养有所提高，六年级学生升读优质中学人数逐年增多。

4. 学校发展：办学理念有所提升，学校制度得到完善，学校文化建设得到丰富，教师队伍建设得到加强，课程建设适合学生的发展实际，课堂教学改革取得较好的效果，学校内涵得到发展，办学质量得到提高，学校的信誉度和美誉度得到提升。

六、工作站组织机构

1. 名校长工作站主持人：孔祥明。

2. 名校长工作站培养对象：钟落潭镇良田一小校长曹坤祥、副校长邝信元，钟落潭镇良田二小校长萧国标。

3. 名校长工作站助理：钟落潭镇良田一小张丽娟，钟落潭镇良田二小由校长萧国标指定。

七、工作站工作职责

（一）名校长工作站主持人工作职责

1. 以 3 年为培养周期，指导工作站的学校发展，并至少培养 1 名校长。

2. 在培养周期内，名校长工作站主持人每学年组织不少于 4 次指导活动（每次不少于 6 个学时），指导培养对象（校长）开展学校管理、团队建设、课程教学改革、学校特色打造等方面工作。

3. 在培养周期内，名校长工作站积极指导培养对象（校长）开展教育教学研究，工作站围绕凝练学校发展开展区级以上教育管理课题研究 1 项，并形成 1 项以上富有特色的论文（或著作）等教育研究成果，研究成果须在区级以上刊物发表（出版）或区以上教育行政部门主办的活动中获奖宣读。

（二）培养对象（校长）职责

1. 名校长工作站培养对象（校长），在主持人的指导下，积极主动开展学校管理、团队建设、课程教学改革、特色打造等方面工作。

2. 名校长工作站培养对象（校长）在培养周期内，每年到主持人所在学校跟岗交流学习不少于 2 次。

3. 主动对接名校长工作站主持人，制定并落实专家进校指导时间计划，开展相关活动。

八、工作站工作方式

工作站主持人要集中成员的集体智慧为成员量身定做发展方案、发展路径，并实施精准的培养方式，促使其成为学有专长、术有专攻的优秀校长。

1. 理论培训（162 课时）

（1）学校"十四五"规划（12 课时）。

（2）学校管理之研究（18 课时）。

（3）学校文化之建构（6 课时）。

（4）教师队伍建设之研究（24 课时）。

（5）多元课程之建构（30 课时）。

（6）基于现象（主题）的多学科融合教学之研究（30 课时）。

（7）学校德育创新之研究（30 课时）。

（8）书香校园建设之研究（12 课时）。

2. 阅读共进（300 课时）

中外名著选读：根据专业发展的需要，选择适合的古今中外教育学术著作。具体书目按年度确定。

3. 跟岗学习（120 课时）

（1）学校价值观（战略主题）的厘定和特色创建。

（2）学校工作计划的产生及制度的建立。

（3）教师团队建设。

（4）学校德育管理。

（5）学校课程管理和质量管理。

（6）学校后勤管理。

（7）校本教研策略。

4. 课题研究

申报、开题、行动研究、结题、申报成果。

5.示范引领

送教送课，特色创建。

6.考察学习（80课时）

（1）外市学校考察学习若干次。

（2）外省学校考察学习一次。

7.岗位实践（500课时）

工作站成员按照工作站确立的实践目标完成如下任务：

（1）完成工作站确立研究课题的研究或实验，形成课题研究论文或实验报告。

（2）完成本学校的改进目标，实现三个提高：一是提高研修学员自身的领导能力；二是提高学校的管理效率；三是提高学校的教育教学质量。

九、工作站工作步骤（计划）

（一）三年总计划

工作站以校长的办学思想、办学理念、办学实践和综合评价为主线，以促进学校发展为依托，立足于学员校长的实际及学校的发展现状，着眼于解决工作站成员及其所在的学校成长发展过程存在的实际问题，促进成员专业化发展和学校综合办学水平提升，使学校在当地有一定影响。

确定三个主题年：

第一年：学校文化建设年；

第二年：课程建设和课堂改革年；

第三年：教师队伍建设年。

（二）各年度计划

时间	地点	内容	负责人
2021年1—3月	良田一小、良田二小	1.协调成立名校长工作站。 2.完善《一校一品工作方案》、制订具体年度工作计划，确定培养目标。 3.研讨、确定共进工作方案。	孔祥明、曹坤祥、萧国标
2021年4月	良田一小、良田二小、协和小学	1.学校问题诊断。 2.完善学校相关制度，建立健全制度文化。 3.完善并落地学校管理章程，开展全员培训。 4.到主持人所在学校跟岗研修。 5.阅读教育名著。	孔祥明、曹坤祥、萧国标
2021年5—7月	良田一小、良田二小、协和小学	1.研讨并确定申报课题、开题论证。 2.课堂常规及校本教研调研及诊断，建立健全课堂文化和教科研文化。 3.跟岗研修。 4.阅读教育名著。	孔祥明、曹坤祥、萧国标
2021年8—10月	良田一小、良田二小、协和小学	1.管理常规和活动常规调研和诊断，建立健全管理文化和活动文化。 2.大力开展课题研究。 3.跟岗研修。 4.阅读教育名著。	孔祥明、曹坤祥、萧国标
2021年11—12月	良田一小、良田二小	1.校园文化建设研讨会。 2.课题研究中期验收。 3.年度工作总结（校园文化建设）。 4.阅读教育名著。	孔祥明、曹坤祥、萧国标
2022年1—3月	良田一小、良田二小	1.撰写研究论文。 2.召开教师座谈会，了解教师对学校课程建设和课堂教学改革的意见和建议。 3.制定课堂教学改革方案。 4.阅读教育名著。	孔祥明、曹坤祥、萧国标
2022年4—7月	良田一小、良田二小、协和小学	1.全面开展课堂教学改革实验。 2.开展课堂教学的研讨活动。 3.走进主持人所在学校观摩课堂教学研讨活动。 4.培养对象中期验收、评价。 5.阅读教育名著。	孔祥明、曹坤祥、萧国标
2022年8—9月	良田一小、良田二小	1.进校指导课堂教学。 2.撰写并发表教育教学论文。 3.课题结题，成果展示。 4.阅读教育名著。	孔祥明、曹坤祥、萧国标

续表

时间	地点	内容	负责人
2022年10—12月	良田一小、良田二小、协和小学	1.培养对象到工作站主持人学校跟岗。 2.继续开展课堂教学实验，并提炼出阶段性成果。 3.召开学生、教师及家长代表座谈会，了解学生、教师及家长对学校的评价及建议。 4.制订教师专业提升计划（"三个一"）。	孔祥明、曹坤祥、萧国标
2023年1—3月	良田一小、良田二小	1.召开教师座谈会，了解教师对学校教学改革的建议。 2.完善教师专业提升计划。 3.阅读教育名著。	孔祥明、曹坤祥、萧国标
2023年4—8月	良田一小、良田二小	1."三个一"培养对象到外校参观学习，并撰写学习心得体会。 2.举行课堂教学大比武活动，检验教师成长成果。 3.举行学生技能展示大赛活动。 4.跟岗研修（外市、省）。 5.阅读教育名著。	孔祥明、曹坤祥、萧国标
2023年9—12月	良田一小、良田二小	1.撰写培养总结报告。 2.培养对象成果报告会。 3.专家对培养对象成果鉴定，培养成果展示、推广会。 4.考核评价，材料汇总。 5.结业仪式。	孔祥明、曹坤祥、萧国标、省二师专家

十、工作站考核形式

1.过程性评价

是否按工作站要求完成各个阶段的培训计划，学习态度如何。

2.终结性评价

（1）学校的变化情况。

（2）课题成果。

（3）发表论文的质量和数量。

（4）个人发展情况。

十一、工作站制度建设

1. 工作站不能是一个松散的游离的组织，要使工作站有效、高效，真正起到学习、研讨、发展的共同体作用，要在制度和人文双重的管理下运转。工作站主持人、成员、学员都是工作站的主体，应承担管理与自我管理的职责，主动参与工作站的各项活动，为此要确立主持人、学员、助理职责。健全工作站会议制度、培训制度、考核制度等。

2. 完善工作站硬件建设，有必需的办公场地和办公设施设备等。

孔祥明名校长工作站

2021 年 1 月 18 日

竹料第一中学名校长工作站学习研修工作计划
（2021年1月—2024年1月）

为全面贯彻党的教育方针，落实全国教育大会精神和全国基础教育工作会议精神，落实《中共中央、国务院关于全面深化新时代教师队伍建设改革的意见》，落实立德树人根本任务，深化课程改革，提高教育教学质量，科学有序做好校长工作站工作，充分发挥校长工作站的引领指导作用，培养有现代教育思想和教育情怀的高素质优秀校长，依据《广东第二师范学院与白云区钟落潭镇 13 所学校共进计划专家进校实施方案》和《广东第二师范学院聘用名校长工作站主持人合作协议书》，结合白云区竹料第一中学和白云区竹料第三中学实际，制订本学习研修工作计划。

一、培养目标

以习近平新时代中国特色社会主义思想为指导，以党和国家的教育方针为行动指南，在广东第二师范学院和镇教育行政部门的指导下，培养造就政治过硬、品德高尚、业务精湛、治校有方的校长，培养具有坚定的现代教育思想理念，有扎实的教育教学管理理论，有较强的学校管理领导能力，具有吃苦耐劳的实干精神，勇于创新的科学精神，开拓进取的拼搏精神，以人为本的服务精神，具有强烈责任感、使命感和事业心的优秀校长；促进工作站学校校长、干部、教师转变教育观念，深化课程改革，提升教育教学质量。

（一）校长发展

更新教育思想理念，推动学校课程改革，提升教育教学领导力；提升校长理论素养，每年读 1 本以上的教育理论专著，完成不少于 5000 字的读书笔记；提升校长科研能力，完成 1 项区级以上课题研究，公开发表（或区级以上教育行政部门或教研部门举办的活动中获奖）论文 1 篇以上学校管理或教育教学论文。办学管理能力在区域小有名气。

（二）教师发展

更新教育教学观念，提高教育教学能力和水平，师德修养有所提升，学习研究能力有所增强，团结合作意识明显增强，学习型团队初步形成，名师骨干教师人数有所增加，培养和推广教育教学成果能力和意识有所提高。

（三）学生发展

学风明显好转，学习风气逐渐形成，能力和素养有所提高，中考成绩有所提高。

（四）学校发展

办学理念的认同度普遍提高，学校制度得到完善，学校文化与学校历史、人物的契合度逐步提升，学校文化故事广泛传颂；教师队伍建设得到加强，课程建设丰富性和选择性明显增强，课堂教学改革深入推进，取得初步效果，学校内涵得到发展，办学质量得到提高，成为百姓认可的家门口的优质学校。

二、组织机构

1. 名校长工作站主持人：崔海友。

2. 名校长工作站培养对象：广州市白云区竹料第一中学校长黄杰锋、竹料一中原校长萧志洪、广州白云区竹料一中副校长冯展明、广州白云区竹料一中副校长邝杰深、广州白云区竹料一中副校长陈伟权。

3. 名校长工作站助理：竹料第一中学。

三、工作职责

（一）名校长工作站主持人工作职责

1. 以3年为培养周期，指导工作站的学校发展，并至少培养1位名校长。

2. 在培养周期内，名校长工作站主持人每学年组织不少于4次指导活动（每次不少于6个学时），指导培养对象（校长）开展学校管理、团队建设、课程教学改革、学校特色打造等方面工作。

3. 在培养周期内，名校长工作站积极指导培养对象（校长）开展教育教学研究，工作站围绕凝练学校发展开展区级以上教育管理课题研究1项，并形成1项以上富有特色的论文（或著作）等教育研究成果，研究成果须在区级以上刊物发表（出版）或区以上教育行政部门主办的活动中获奖宣读。

（二）培养对象（校长）职责

1. 名校长工作站培养对象（校长），在主持人的指导下，积极主动开展学校管理、团队建设、课程教学改革、特色打造等方面工作。

2. 名校长工作站培养对象（校长）在培养周期内，每年到主持人所在学校跟岗学习不少于1次。

3. 主动对接名校长工作站主持人，制定并落实专家进校指导时间计划，开展相关活动。

四、学习研修内容及形式

1.学习研修时间为 3 年（2021 年 1 月—2024 年 1 月）。其中，专家实践指导不少于 12 次，工作站成员跟岗、参观考察每年不少于 1 周，申报研究课题不少于 1 个，发表或交流论文至少 1 篇，阅读教育专著 3 部以上，撰写学习笔记 15000 字以上，研讨活动 3 次以上。

2.学习研修方式

工作站将通过网络研修、专家报告、理论学习、跟岗学习交流、学习考察培训、专题研讨、学校诊断指导等方式开展学习研修活动。工作站将围绕培养目标，依据学校实际选择研讨主题，注重做到五个结合：学习研修与校长素质提升相结合；研修主题与课程改革、质量提升相结合；研修活动与学校教育教学和队伍建设相结合；研究探索与解决学校问题相结合；示范引领与服务学校需求相结合。

（1）网络研修

依托网络，构建不受时空限制的网络学习研修交流平台，借助崔海友微信公众号中的"学习交流""实践研究""分享取经"栏目，交流学习计划、发展规划、学习研究心得、管理创新案例，探讨解决工作中问题困惑等。

（2）理论学习

工作站的成员制订理论学习计划，提升教育教学管理理论素养，撰写读书笔记，通过个人自修、交流研讨、名著解读等多种形式，提高学习效果，提升自己的教育认识。工作站主持人推荐理论学习书目：艾玛·麦克唐纳、戴安·赫什曼《如何打造高效能课堂》、王铁军《校长领导力》、大卫·苏泽等《教育与脑神经科学》、林崇德《21 世纪学生发展核心素养研究》、刘传沛《校长管理智慧》、鲍勃·威尔逊《带队伍就是带人心》、邱磊《"偷师"杜威》、凯瑟琳·舒尔茨《课堂参与：沉默与喧哗》、李泽林《重塑学校新家园：学校发展规划与实施》、彼得·圣吉《第五项修炼：学习型组织的艺术与实务》、李践《果断授权：让别人为你工作》、孙远航《学校发展规划与实施》、季苹《学校发展自我诊断》等。

（3）专题研讨

工作站将不定期根据成员校工作需要，针对问题，开展专题研讨活动。包括学校办学理念、课程改革、队伍建设、文化建设等，工作站成员对问题深入研究，就问题的成因分析，厘清解决问题的思路对策，实践检验的情况等。

（4）课题研究

工作室成员根据各自学校和自己的实际，确立研究课题，并向上级科研部门申报立项，开展卓有成效的研究工作，注重与学校工作实践相结合，积累课题研究资料，定期向工作站主持人汇报研究进展，同时做好科研成果转化。

（5）教育考察

有计划地定期组织工作室成员到外地培训、观摩学习、考察名校等，学习先进学校的管理和课程建设的成功经验。

（6）跟岗学习

周期内安排2次工作站校长进行跟岗学习，借鉴学校规划制定、课程建设与管理、校园文化构建、学校特色建设等办学经验，交流办学思想，撰写跟岗心得，制订学校改进行动计划等。

（7）专家引领

充分利用广东第二师范学院等高校的教育资源，接受专家引领和指导，在理论和实践上都得到较大的提升。

（8）学校诊断

工作站主持人和培养对象共同对本人所在学校进行调研和诊断，找出学校要解决的主要问题，形成调研诊断报告，制定出学校改进方案。

五、工作安排

时间	地点	内容	负责人
2021年 1—3月	竹料一中	1.协调成立名校长工作站。 2.了解学校情况。 3.撰写工作计划，确定培养目标。	崔海友、 黄杰锋
2021年 3—4月	竹料一中	1.学校问题诊断。 2.讨论研修计划。 3.教学质量提升策略研讨。	崔海友、 黄杰锋
2021年 4—7月	竹料一中	1.确定并申报研究课题。 2.举行开题报告论证会。 3.研讨课堂教学改革方案。 4.指导教育名著阅读。 5.家长教育、家校协同方案制定。 6.跟岗学习。 7.学校特色建设方案研讨。	崔海友、 黄杰锋
2021年 8—10月	竹料一中、 跟岗学校	1.学校文化建设研讨。 2.完善学校相关制度。 3.进行课堂教学改革方案确定和全员培训。 4.讨论团队建设方案。 5.教育名著阅读研讨。	崔海友、 黄杰锋
2021年 11—12月	竹料一中	1.开展课堂教学改革实验。 2.举行课堂教学诊断、研讨。 3.课题研究中期汇报。 4.教育学习考察交流。	崔海友、 黄杰锋
2022年 1—3月	竹料一中	1.撰写年度计划总结。 2.撰写研究论文。 3.阅读教育名著。 4.深入学校调研，对课堂教学改革进行完善。	崔海友、 黄杰锋
2022年 4—7月	竹料一中	1.继续推进课堂教学改革实验。 2.完善课堂教学改革推进机制。 3.开展课堂改革示范课展示活动。 4.教育质量提升研讨会。 5.教育名著学习分享。	崔海友、 黄杰锋
2022年 8—9月	竹料一中	1.专家进校诊断、指导。 2.撰写并发表教育教学论文。 3.课题研究进展汇报。 4.教育名著学习思考。 5.学校文化建设论证。	崔海友、 黄杰锋
2022年 10—12月	竹料一中	1.教育考察学习培训。 2.课堂教学改革阶段性成果提炼。 3.教师队伍建设情况汇报。 4.学校特色建设研讨会。 5.家长学校、家校协同研讨会议。	崔海友、 黄杰锋

续表

时间	地点	内容	负责人
2023年 1—3月	竹料一中	1.校园文化建设论证会。 2.学校制度建设论证会。 3.撰写教育教学论文。 4.召开学校变革研讨会。 5.阅读教育名著。	崔海友、黄杰锋
2023年 4—8月	竹料一中	1.培养对象到外校参观学习，并撰写学习心得体会。 2.举行中考备考研讨活动。 3.课改示范课展示和同课异构动。 4.课题结题报告会，课题成果展示、推广。	崔海友、黄杰锋
2023年 9月 —2024 年1月	竹料一中	1.撰写培养总结报告。 2.培养对象成果报告会。 3.专家对培养对象成果鉴定，培养成果展示、推广会。 4.考核评价，材料汇总。	崔海友、黄杰锋、广二师专家

广州市白云区竹料第一中学

2021 年 3 月 18 日

第三节　名校长工作站工作总结

"共进计划"2021—2023学年名校长工作站实施情况总结
——深圳市坪山区中山小学校长曾宇宁

广东省曾宇宁名校长工作室、深圳市曾宇宁教育科研专家工作室主持人曾宇宁校长为全面贯彻党的教育方针，深入落实"与省名校长面对面"培训活动，支持广州市白云区与广东第二师范学院开展"广州市白云区钟落潭镇学校自主发展与校长任期目标科研服务项目"，进一步推进基础教育优质、均衡发展，促进"教学共进计划"有序开展，深圳市坪山区中山小学与广州市白云区钟落潭镇竹料一小、广州市白云区钟落潭镇竹料二小开展为期两年的共进交流活动。通过组织跟岗学习、现场诊断、课题研究和示范引领等方式，不断提升学员校长领导力和科组长教学管理能力，促进学校特色发展、内涵发展。

回顾这两年"共进计划"实施历程，非常感谢广东第二师范学院给予团队共同成长的这个良好平台，感谢竹料一小、竹料二小的校长、行政和老师们，我们一起研讨问题、制定措施，一起砥砺前行。

团队通过教学管理和师资队伍两个方面与竹料一小、竹料二小共同研修、共同前行。

一、"一校一案"项目背景

1. 根据白云区教育局委托广东第二师范学院开展"广州市白云区钟落潭镇学校自主发展与校长任期目标科研服务项目"的要求，为进一步实施教育创新驱动发展战略，促进"教学共进计划"有序开展，根据项目要求，在钟落潭镇13所学校各成立1个名校长工作站，由广东第二师范学院聘任省级教育名家担任名校长工作站主持人，每校成立语文、数学、英语名教师工作站各1个，由广东第二师范学院聘任省级教育名家担任名教师工作站主持人，以2年为培养周期，指导工作站的学校和教师发展。

2. 根据深圳市坪山区中山小学与广州市白云区钟落潭镇竹料一小、竹料二小"一校一案"学校共进实施方案。为全面贯彻党的教育方针，深入落实"与省名校长面对面"培训活动，支持广州市白云区与广东第二师范学院开展"广州市白云区钟落潭镇学校自主发展与校长任期目标科研服务项目"，进一步推进基础教育优质、均衡发展，促进"教学共进计划"有序开展。

二、"一校一案"项目工作开展的做法

（一）教学管理共进

1. 协助竹料一小、竹料二小完善办学理念和各项管理制度，如学校制度建设、学校文化建设、教师队伍建设、课程建设、课堂教学改革、学生发展体系等，提升日常工作管理水平，形成办学特色、创建学校品牌，提升学校影

响力。

2.通过名校长工作站建设规划、过程指导、结果论证等方式，每学年组织不少于4次指导活动，指导竹料一小、竹料二小开展学校管理、团队建设、课程教学改革、学校特色打造等方面工作。

3.每学年邀请名教师工作站专家导师指导工作站学科建设若干次。如人教版教材编写研究员熊开明、坪山区英语教研员邱燕怀、坪山区数学教研员袁园。

4.指导竹料一小、竹料二小围绕凝练教育思想和办学理念，开展区级以上教育管理课题研究1项，并形成1项以上富有特色的论文（或著作）等教育研究成果，研究成果须在区级以上刊物发表（出版）或区以上教育行政部门主办的活动中获奖宣读。

5.名校长工作站培养对象（校长）在培养周期内，每年向主持人学校跟岗学习不少于1次，具体时间安排视各地疫情情况。

（二）师资队伍共进

1.选派3名教学骨干、教坛新秀到竹料一小、竹料二小分别任名教师工作站主持人，并组建名师送课工作组。每学年通过线上或线下进行交流研讨、课题指导、教学磨课等方式组织骨干教师集中研修不少于2次。如深圳市教坛新秀、坪山区骨干教师吴磊，坪山区骨干教师王影，深圳市教坛新秀廖泽娜。

2.指导竹料一小、竹料二小教师参加教育部组织的"一师一优课，一课一名师"活动，及推出2名成员参加市级及以上学科教研活动，每学年至少要有1—2个区级以上的教学教研成果。

3.竹料一小、竹料二小教师培养对象每学年演示汇报课不少于2次。

4.竹料一小、竹料二小教师培养对象每学年到深圳市坪山区中山小学跟岗学习1次，时间不少于1周。

（三）具体活动开展

这两年，我们共开展了25次活动，以下为部分活动记录。

序号	时段	日期	活动名称
1		2022年5月12日	一校一案促交流 学校共进谋发展
2		2022年5月19日	送教广宁 共话六感交流研讨活动
3		2022年5月19日	数学习性课堂教学理论与实践的研讨
4		2022年5月27日	语文辩论赛
5		2022年5月31日	读书节组织分享
6	2021—2022学年	2022年6月1日	曾宇宁校长深技大讲座
7		2022年6月15日	新课标学习培训
8		2022年6月16日	小学数学微课制作经验分享
9		2022年6月22日	曾宇宁校长及语数英三大学科:诊断交流 共进交流研讨活动
10		2022年7月16日	英语讲座:微课制作经验分享
11		2022年7月30日	英语讲座:基于单元整体的小学英语作业设计与思考
12		2022年9月29日	英语课例:全国优秀绘本课例学习研讨
13		2022年10月13日	曾宇宁校长及数学:"数与代数"板块主题研讨活动
14		2022年10月28日	曾宇宁校长及英语:双减背景下小学英语网络学习空间的设计与思考
15		2022年11月9日	语文:同课异构活动
16		2022年11月5日	英语:优秀课例学习
17		2022年12月30日	曾宇宁校长:孔文东校长专题讲座交流活动
18	2022—2023学年	2023年2月28日	曾宇宁校长:安国强校长讲座
19		2023年3月14日	曾宇宁校长及英语:同课异构及评课活动
20		2023年4月5日	展示课磨课指导和教学方法指导
21		2023年4月6—7日	曾宇宁校长及语数英:中山小学赴竹一、竹二现场听课评课
22		2023年4月10—14日	曾宇宁校长及语数英:竹一、竹二赴中山小学跟岗交流一周
23		2023年4月12日	曾宇宁校长:习性教育课程体系讲座
24		2023年5月10日	命题分享培训

1.2022 年 5 月 12 日晚，钟落潭镇"一校一案"学校共进研讨活动在线举行，会议围绕各校共进计划落实情况、推进"一校一案"遇到的困难和破解之策展开研讨。客观总结了两所学校在办学理念、校园文化建设上所取得的进步，提出"三三策略"破解竹料一小、二小教育发展症结，指导两所学校应通过学校的历史、地理和区域三个基本条件，在大局大势中找准定位，谋篇布局，在百年未有之大变局的时代潮流中顺势而为。接下来的帮扶将理论联系实践，以"1+1+X"模式（即主持人＋导师＋骨干教师），引导教师专业发展和成长，培养一批敢于作为的骨干教师，带领学生大有所为，提高学校办学水平和育人质量。

2.2022 年 5 月 19 日，中山小学与竹料一小、二小共同参与广宁县 2022 年"百千万人才培养工程"省级培养学员走进乡村教育活动，进一步推进基础教育优质、均衡发展，实施教育创新驱动发展战略，以习性教育理念为指引，进一步深化各校办学特色，提高各校教学质量。

3.2022 年 6 月 1 日，于深圳技术大学开展讲座"习性教育立德树人"。

4.2022 年 6 月 16 日，深圳市坪山区中心小学以习性教育理念为指引，进一步深化学校办学特色，提高学校教学质量，开展了到广州市白云区竹料第一小学、第二小学现场诊断交流活动。

5.2022 年 7 月 11 日，竹料一小、竹料二小的校领导、语数英工作室主持人及成员，深圳市坪山区中山小学校长曾宇宁，教师发展中心主任岳丽、语数英名师工作站主持人及成员，市区两级曾宇宁教育科研专家工作室成员参与了交流活动。本次交流活动以习性教育理念为指引，旨在于交流中共研共进，推进校际交流，形成"一校一案"，助力白云区钟落潭镇两所学校的发展。

6.2022 年 12 月 30 日，为加强对工作室团队、结对学校、习性教育共同体学校发展指引，进一步深化学校办学特色，深圳市曾宇宁教育科研专家工作室举行线上研修活动。此次活动特别邀请了深圳市翠竹教育集团总校长孔文东举办行讲座分享"优质学校创建的思考与实践"。

7.2023 年 2 月 21 日，恰逢癸卯年二月初二"龙抬头"。为提升文化领跑力，深化教师队伍建设，深圳市曾宇宁教育科研专家工作室举办了"习性大讲堂"活动。首场开讲邀请了坪山高级中学校长安国强博士作"品读南粤文化　传承不朽精神"讲座。中山小学全体行政、级科组长，曾宇宁市区两级工作室成员，广州市白云区钟落潭镇竹料第一小学、第二小学两所帮扶学校教师，以及来自广西田东、贵州金沙等习性教育共同体学校教师云端齐汇聚，参与了本次活动。

8.2023年4月12日下午，阳江市阳东区校长团、广州市白云区竹料第一、第二小学来访团走进坪山区中山小学，在充满书香、绿树成荫的校园里，畅谈习性教育，再续共建情谊。深圳市曾宇宁教育科研专家工作室成员、教学处副主任张彬带来"习性教育育人体系下的课堂教学模式探索"讲座，从习性课堂理念"环境创设、具身认知、习与性成"，到习性课堂三环节"习性准备—习性助学—多维习得"，从"六感"（视听嗅味触意）教学策略，到课堂教学评价，详细阐述了我们在课堂教学改革方面的探索和成果。

三、工作成效

两年来，我们两地三校，开展了丰富的教研活动，教师们在教研过程中积极参与、主动思考，成长迅速，取得了显著成绩。

（一）学校荣誉（部分）

【竹料一小】

1.2021—2022学年钟落潭镇教育系统先进单位。

2.2021学年家庭教育工作优秀单位。

3.广州市白云区第五批智慧校园试点学校。

4.2022年钟落潭镇青少年禁毒防疫艺术创作竞赛活动优秀组织单位。

5.广州市无烟单位。

6.广州市白云区2021年国家义务教育质量监测优秀样本学校。

【竹料二小】

1.2021 年获广东省依法治校达标单位。

2.2021 年广州市非遗传承基地学校（洪拳）。

3.2022 年度钟落潭镇优秀集体。

4.广州市白云区数字教材应用联盟基地校。

（二）课题研究及论文（部分）

1.张晓鹏校长主持省教育学会课题"基于'双减'政策下的家庭教育指导研究"。

2.邝兰妹校长主持白云区教研院课题"利用自然拼读提高中年级学习兴趣"。

3.冯焯洪校长主持 2022 年广州市教育科学规划课题"耕读文化下的智慧阅读实践与研究"。

4.冯焯洪校长主持 2022 年广州市白云区教育科学规划课题"'双减'背景下小学语文个性化作业研究"。

5.冯焯洪校长 2023 年 7 月在《广东教学报》中发表论文《精"耕"细"读"——小学语文渗透"耕读文化"的方法探索》。

6.冯焯洪校长 2023 年 8 月在《广东教学报》中发表论文《浅谈"双减"背景下小学语文个性化作业》。

7.陈淑君校长 2023 年 8 月在《广东教学报》中发表论文《基于活动对象视角下提高小学校园活动有效性策略研究》。

（三）教师获奖（部分）

教师部分获奖情况统计表

序号	姓名	获奖项目	级别	获奖等次	颁奖单位	时间
1	萧翠珍	融合创新应用教学案例《嘀哩嘀哩》在2022年白云区教育教学信息化创新应用活动中获奖	区	一等奖	广州市白云区教育局	2023年3月
2	吴楚敏	撰写的作业设计《比的应用》在2021学年第二学期"白云区小学数学课外作业设计（实践类）"评比活动中获奖	区	一等奖	广州市白云区教育研究院	2023年12月30日

序号	姓名	获奖项目	级别	获奖等次	颁奖单位	时间
3	张雪连	撰写的作业设计《拼角活动大比拼》在2021学年第二学期"白云区小学数学课外作业设计（实践类）"评比活动中获奖	区	一等奖	广州市白云区教育研究院	2023年12月30日
4	萧翠珍	课例《嘀哩嘀哩》在2022年白云区国家课程数字教材优秀课例征集大赛中获奖	区	二等奖	广州市白云区教育局	2022年12月
5	冯艳珊	撰写的作业设计《角的分类与时间的融合》在2021学年第二学期"白云区小学数学课外作业设计（学具类）"评比活动中获奖	区	二等奖	广州市白云区教育研究院	2023年12月30日
6	萧翠珍、邝兰妹、张栩鹏	作品《你是人间四月天》在小学信息技术教师经典诗文朗诵活动中获奖	区	二等奖	广州市白云区教育研究院	2022年12月30日
7	萧丽环	《体能——下肢力量练习》在2022年白云区中小学体育与健康教学展示课（录像）评比活动中获奖	区	二等奖	广州市白云区教育局	2022年1月
8	李滢	设计的作业《四年级上册第三单元作业设计与实施案例》在2021学年广州市小学语文优秀作业设计与实施案例评比活动中获奖	区	二等奖	广州教育学会小学语文教学研究专业委员会	2022年7月
9	钟绮璇	在广州市白云区教育局组织的第九届中小学班主任专业能力大赛中获得综合类三等奖（小学组）	区	三等奖	广州市白云区教育局	2023年3月
10	冯凤英	撰写的活动案例《红领巾心向党——清明祭扫英烈系列活动案例》在参加"白云区少先队工作论文（活动案例）"评比活动中获奖	区	三等奖	广州市白云区教育局、共青团广州市白云区委员会、少先队广州市白云区工作委员会	2022年9月
11	陆婉玲、林桂钟、朱永生、萧丽环、李嘉圳	在2022年广州市白云区小学体育单元作业设计与实施案例评比活动中获奖	区	三等奖	广州市白云区教育研究院	2022年12月14日

续表

序号	姓名	获奖项目	级别	获奖等次	颁奖单位	时间
12	萧丽环、陆婉玲、林桂钟、朱永生、李嘉圳	在2022年广州市白云区小学体育单元作业设计与实施案例评比活动中获奖	区	三等奖	广州市白云区教育研究院	2022年12月
13	李嘉圳、陆婉玲、林桂钟、朱永生、萧丽环	在2022年广州市白云区小学体育单元作业设计与实施案例评比活动中获奖	区	三等奖	广州市白云区教育研究院	2022年12月
14	吴楚敏	在广州市教育局举办的2022年广州市中小学教师信息技术应用能力提升工程2.0微能力比赛中获奖	市	优秀作品奖	广州市教育局	2022年9月1日
15	吴楚敏	作品《让青少年脱"瘾"而出——家校共育实践案例》在广州市首届家庭教育系列作品征集活动中获奖	市	三等奖	广州市教育局	2022年12月
16	谢伟芬	《保护环境，创建绿色家园》在白云区教育系统庆祝建团100周年十大主题活动——百项特色志愿服务活动展示中获奖	区	三等奖	广州市白云区教育局	2022年5月
17	冯肖云、冯丽冰	劳动教育课程教案《三年级劳动教育"巧用制作纸贺卡"完成三个课时教学设计》在2021年"我劳动，我快乐"劳动教育主题活动评比中获奖	省	三等奖	广东省教育厅	2022年5月
18	李滢	论文《核心素养视野下小学语文阅读课堂"1+X"拓展策略》在2022年白云区教育年会中，获得小学语文学科教学论文一等奖，并宣读交流	区	一等奖	广州市白云区教育研究院	2022年6月28日
19	张雪连	论文《"双减"背景下低年级实施快乐数学教学的策略》在2022年白云区教育年会中，获得小学数学学科教学论文一等奖，并宣读交流	区	一等奖	广州市白云区教育研究院	2022年6月24日

续表

序号	姓名	获奖项目	级别	获奖等次	颁奖单位	时间
20	萧翠珍	作品《快乐阳光》在2021年广州市白云区教育教学信息化创新应用评奖活动中，荣获"融合创新应用教学案例"奖项	区	一等奖	广州市白云区教育局	2021年12月
21	萧丽环	在2021年度白云区中小学体育教学录像课评比中获奖，课题：障碍跑	区	一等奖	广州市白云区教育局	2021年12月
22	李顺妹、杨间芬、林熙淳	撰写的五年上册《Unit 4 Can you do my homework》在2021学年第一学期"白云区基于语言能力的小学英语单元整体教学设计作品"评比活动中获奖	区	一等奖	广州市白云区教育研究院	2022年1月10日
23	冯凤英	竹料第二小学少先队纪念中国少年先锋队建队72周年主题队日活动案例	区	一等奖	广州市白云区教育局	2022年5月
24	萧翠珍	论文《音下陶冶，其力无穷》在2022年白云区教育年会评比活动中获奖	区	一等奖	广州市白云区教育研究院	2022年6月23日
25	冯文珊	论文《"双减"背景下如何提高小学生的劳动素养》在2022年白云区教育年会中，获得小学数学学科教学论文二等奖	区	二等奖	广州市白云区教育研究院	2022年6月24日
26	冯银花	论文《"双减"背景下农村小学数学空间与图形的归因分析及策略》在2022年年白云区教育年会中，获得小学数学学科教学论文二等奖	区	二等奖	广州市白云区教育研究院	2022年6月24日
27	冯银花	作品《物体的沉浮与体积和体积单位》在2021年广州市白云区教育教学信息化创新应用评奖活动中，荣获"微课"项目二等奖	区	二等奖	广州市白云区教育局	2021年12月
28	萧翠珍	作品《杜鹃圆舞曲》在2021年广州市白云区教育教学信息化创新应用评奖活动中，荣获"微课"项目二等奖	区	二等奖	广州市白云区教育局	2021年12月

续表

序号	姓名	获奖项目	级别	获奖等次	颁奖单位	时间
29	廖火云	制作的数学学具"乘法口诀小转盘"在2021学年第一学期"白云区小学数学制作类作业"评比活动中获奖	区	二等奖	广州市白云区教育研究院	2021年12月30日
30	吴楚敏	作品《喜迎二十大，永远跟党走，争做新时代好少年活动案例》在广州市白云区教育系统庆祝建团100周年十大主题活动——百个优秀主题团日活动案例评比中获奖	区	二等奖	广州市白云区教育局	2022年5月
31	冯艳珊	制作的数学学具"分数的大小比较"在2021学年第一学期"白云区小学数学制作类作业"评比活动中获奖	区	二等奖	广州市白云区教育研究院	2021年12月30日
32	朱龙青	论文《小学田径队100米项目组建与训练——以某小学为例》在2021年度白云区中小学体育教学论文评比活动中获奖	区	二等奖	广州市白云区教育局	2021年12月
33	朱龙青	参加2022年白云区首届"启航杯"新入职体育与健康教师教学技能展示	区	三等奖	广州市白云区教育局	2022年6月24日
34	吴楚敏	作业设计《位置与方向（二）——描述路线图》在2021学年第一学期"白云区小学数学课外作业设计"评比活动中获奖	区	三等奖	广州市白云区教育研究院	2021年12月30日
35	萧丽环	论文《小场地学校开展足球活动的研究》在2021年度白云区中小学体育教学论文评比活动中获奖	区	三等奖	广州市白云区教育局	2021年12月
36	萧丽环	作品《8分钟体能训练》在2021年广州市白云区教育教学信息化创新应用评奖活动中，荣获"微课"项目三等奖	区	三等奖	广州市白云区教育局	2021年12月

续表

序号	姓名	获奖项目	级别	获奖等次	颁奖单位	时间
37	林熙淳、冯凤英	推荐的少先队活动课《请党放心，强国有我》在2021年白云区优质少先队活动评课评审活动中表现优异	区	三等奖	共青团广州市白云区委、广州市白云区教育局、少先队广州市白云区工作委员会	2022年1月20日
38	吴楚敏	作品《弘扬雷锋精神，传承红色基因——党带团、团带队志愿服务活动庆建团100周年活动案例》在广州市白云区教育系统庆祝建团100周年十大主题活动——百个优秀主题团日活动案例评比中获奖	区	三等奖	广州市白云区教育局	2022年5月
39	冯银花	撰写的游戏类作业设计《数对接龙游戏》在2021学年第一学期"白云区小学数学游戏类作业设计"评比活动中获奖	区	三等奖	广州市白云区教育研究院	2021年12月30日
40	冯银花	作业设计《平面图形转化成立体图形》在2020学年第二学期"白云区小学数学课外作业设计"评比活动中获奖	区	一等奖	广州市白云区教育研究院	2021年7月
41	冯凤英	撰写的活动案例《"红领巾相约中国梦"主题队会活动案例》在"白云区少先队工作论文（活动案例）"评比活动中获奖	区	二等奖	广州市白云区教育局、共青团广州市白云区委员会、少先队广州市白云区工作委员会	2021年2月
42	冯凤英	活动案例《如何发挥少先队活动的德育实效》，在"白云区少先队工作论文（论文）"评比活动中获奖	区	三等奖	广州市白云区教育局、共青团广州市白云区委员会、少先队广州市白云区工作委员会	2021年2月

续表

序号	姓名	获奖项目	级别	获奖等次	颁奖单位	时间
43	张雪连	撰写的《小学低年级课外阅读的指导策略》在2020学年白云区小学语文阅读工程——课外阅读成果评比系列活动中获奖	区	三等奖	广州市白云区教育研究院	2021年7月

（四）学生获奖

竹料二小部分学生参加各级各类活动获奖情况统计

序号	姓名	获奖项目	级别	获奖等次	颁奖单位	时间
1	黄诗卉	作品《先烈事迹激励我前进》在庆祝建党100周年"我讲红色故事"微视频评选活动中获奖	市	个人组织优秀奖	广州市教育研究院小学道德与法治学科、广州教育学会小学品德教学研究专业委员会	2022年4月
2	冯建熙	作品《远离毒品，亲近大自然》在2022年广州市青少年禁毒主题文艺作品创作大赛中获奖	市	优秀奖	广州市禁毒委员会办公室、广州市教育局、广州市人力资源和社会保障局、共青团广州市委员会	2023年5月
3	冯巧琪	在2022年白云区少先队研学手绘地图大赛中获得小学高年级组三等奖	区	三等奖	广州市白云区教育局、共青团广州市白云区委员会、少先队广州市白云区工作委员会	2022年9月
4	冯琬晴	在2022年白云区少先队研学手绘地图大赛中获得小学高年级组三等奖	区	三等奖	广州市白云区教育局、共青团广州市白云区委员会、少先队广州市白云区工作委员会	2022年9月

续表

序号	姓名	获奖项目	级别	获奖等次	颁奖单位	时间
5	冯美音	参加2023广州广府武术文化节女子小学甲组各类传统南拳黑虎拳	市	一等奖	广州市武术协会	2023年6月
6	冯洁仪	参加2023广州广府武术文化节女子小学甲组各类传统南派长器械杨家枪	市	一等奖	广州市武术协会	2023年6月
7	冯建熙	参加2023广州广府武术文化节男子小学甲组各类传统南派长器械双头棍	市	一等奖	广州市武术协会	2023年6月
8	钟震烨	参加2023广州广府武术文化节男子小学甲组各类传统南派长器械双头棍	市	一等奖	广州市武术协会	2023年6月
9	冯洁仪	参加2023广州广府武术文化节女子小学甲组各类传统南拳黑虎拳	市	二等奖	广州市武术协会	2023年6月
10	冯梓锡	参加2023广州广府武术文化节男子小学甲组各类传统南派长器械双头棍	市	二等奖	广州市武术协会	2023年6月
11	黄梓盈	参加2023广州广府武术文化节女子小学甲组各类传统南拳黑虎拳	市	二等奖	广州市武术协会	2023年6月
12	冯子简	参加2023广州广府武术文化节男子小学乙组各类传统南拳黑虎拳	市	二等奖	广州市武术协会	2023年6月
13	冯敏瑜	参加2023广州广府武术文化节女子小学乙组各类传统南拳小千字拳	市	二等奖	广州市武术协会	2023年6月

续表

序号	姓名	获奖项目	级别	获奖等次	颁奖单位	时间
14	冯敏瑜	参加2023广州广府武术文化节女子小学乙组各类传统南派短器械洪拳匕首	市	二等奖	广州市武术协会	2023年6月
15	冯梓钖	参加2023广州广府武术文化节男子小学甲组各类传统南拳黑虎拳	市	二等奖	广州市武术协会	2023年6月
16	冯锐滔	参加2023广州广府武术文化节男子小学甲组各类传统南拳黑虎拳	市	二等奖	广州市武术协会	2023年6月
17	钟震烨	参加2023广州广府武术文化节男子小学甲组各类传统南拳黑虎拳	市	一等奖	广州市武术协会	2023年6月
18	冯建熙	参加2023广州广府武术文化节男子小学甲组各类传统南拳黑虎拳	市	二等奖	广州市武术协会	2023年6月
19	黄梓盈	参加2023广州广府武术文化节女子小学甲组各类传统南派长器械双头棍	市	二等奖	广州市武术协会	2023年6月
20	冯晓鸣	参加2023广州广府武术文化节女子小学甲组各类传统南派长器械双头棍	市	二等奖	广州市武术协会	2023年6月
21	冯晓鸣	参加2023广州广府武术文化节女子小学甲组各类传统南拳黑虎拳	市	二等奖	广州市武术协会	2023年6月

序号	姓名	获奖项目	级别	获奖等次	颁奖单位	时间
22	冯家仪、冯瀚钰	作品《浴血忠魂杨靖宇》在庆祝建党100周年"我讲红色故事"微视频评选活动中获奖	市	集体组三等奖	广州市教育研究院小学道德与法治学科、广州教育学会小学品德教学研究专业委员会	2022年4月
23	冯可怡、冯永康、冯桐诺、冯纤纤、冯羽静、冯诺贤	作品《英烈励志，砥砺前行》在庆祝建党100周年"我讲红色故事"微视频评选活动中获奖	市	集体组优秀奖	广州市教育研究院小学道德与法治学科、广州教育学会小学品德教学研究专业委员会	2022年4月
24	钟震烨、冯晓鸣、冯美音、冯梓锡、黄梓盈、冯洁仪、冯锐滔	参加2023广州广府武术文化节中小学甲组集体项目黑虎拳	市	一等奖	广州市武术协会	2023年6月
25	冯可怡、冯子竺、骆诗语、冯纤纤、冯映稀、潘心琦、林烁瑶、冯韵静	作品《我们相约，争优入团》在广州市白云区教育系统庆祝建团100周年十大主题活动——"团史必答"百问团务知识团视频拍摄活动中获奖	区	二等奖	广州市白云区教育局	2022年5月
26	五（2）班	朗诵作品《传承红色，筑梦未来》在2022年云港澳学生诵读中华经典美文表演大赛	区	二等奖	广州市白云区教育局	2022年6月
27	广州市白云区竹料第二小学	获得2021—2022年度"红领巾奖章"三星章	市	三星章	广州市少工委	2022年12月
28	广州市白云区竹料第二小学	被评为"广州市无烟单位"	市		广州市爱国卫生运动委员会	2022年12月
29	林政烨	《四时田园杂兴》参加"广州市中小学中华诗词经典品读系列活动获奖	市	二等奖	广州市教育局	2021年6月

续表

序号	姓名	获奖项目	级别	获奖等次	颁奖单位	时间
30	冯子竺	作品《永恒的丰碑——竹料三烈士的英雄故事》在广州市白云区教育系统庆祝建团100周年十大主题活动——"致敬先锋榜样"百位青少年演讲比赛活动中获奖	区	二等奖	广州市白云区教育局	2022年6月
31	洪拳兴趣班	广州市白云区竹料第二小学的学生成果荣获第六届白云区中小学"乐创空间,我行我秀"科技主题实践活动成果评比二等奖,成果名称"非遗洪拳兴趣班"	区	二等奖	广州市白云区教育研究院	2021年12月
32	冯可怡、冯子竺、骆诗语、冯纤纤、冯映稀、潘心琦、林烁瑶、冯韵静	作品《我们相约,争优入团》在广州市白云区教育系统庆祝建团100周年十大主题活动——"团史必答"百问团务知识团视频拍摄活动中获奖	区	二等奖	广州市白云区教育局	2022年5月
33	林烁瑶	作品《保护环境,创建绿色家园》在广州市白云区教育系统庆祝建团100周年十大主题活动——百项特色志愿服务活动展示评比中获奖	区	三等奖	广州市白云区教育局	2022年5月
34	冯诗琪	作品《映山红》在广州市白云区教育系统庆祝建团100周年十大主题活动——"青春心向党"百首红歌比赛活动中获奖	区	三等奖	广州市白云区教育局	2022年5月
35	刘于菲、冯芸菲、黄静琪、简紫涵	作品《映山红》在广州市白云区教育系统庆祝建团100周年十大主题活动——"青春心向党"百首红歌比赛活动中获奖	区	三等奖	广州市白云区教育局	2022年5月

续表

序号	姓名	获奖项目	级别	获奖等次	颁奖单位	时间
36	冯巧琪	作品《请党放心，强国有我——庆祝建团100周年》在广州市白云区教育系统庆祝建团100周年十大主题活动——"我为党史添光彩"百幅手抄报征集活动中获奖	区	三等奖	广州市白云区教育局	2022年5月
37	林烁瑶	作品《学习二小故事 传承革命精神——"致敬先锋榜样"演讲》在广州市白云区教育系统庆祝建团100周年十大主题活动——"致敬先锋榜样"百位青少年演讲比赛活动中获奖	区	三等奖	广州市白云区教育局	2022年5月
38	竹料二小洪拳队	作品《广州市白云区竹料第二小学"非遗洪拳"学生社团展示》在广州市白云区教育系统庆祝建团100周年十大主题活动——百个学生社团展示活动中获奖	区	三等奖	广州市白云区教育局	2022年5月

我们三校都在稳步发展、前行，这些成绩基于老师们对待个人成长有积极态度。在繁重的工作之余，我们在"共进"的研讨活动中，不断深耕教学技能，深耕对教材的把握，深耕对教学内容本质的研究。在有深度、有内涵、有情意的教研活动中，我们青年教师的能力提高了，受益的不仅有教师，还有可爱的学生。为了培养学生的核心素养能力，我们还要不断探索下去，相信有竹料一小、二小青年教师努力奋进的精神，大家明天会更好！

2020—2022学年名校长工作站实施情况总结
——佛山市南海区狮山实验学校校长许贤苏

广东省许贤苏名校长工作站主持人许贤苏以精神赋能、常态指导、品牌创建为策略，从学校管理的基本流程、行政团队的培养使用、集体备课的落实检查等常规工作，到学校核心文化的培育、课程体系的建构、教师专业发展的引领、学校管理的优化以及办学资源的整合等核心工作，都悉心帮助广州市白云区竹料第三小学。通过组织跟岗学习、现场诊断、课题研究和示范引领等方式，不断提升学员校长领导力和科组长教学管理能力，促进学校特色发展、内涵发展，取得了质的飞跃。

目前，竹料三小全体教师追求进步、赶超先进的信心更足，教研氛围比较浓厚，"有恒教育"办学特色明显。学生更爱学校，学校在家长口碑中、上级主管教育部门评价中变得越来越好，获得了2021年白云区教育教学综合评价二等奖、白云区劳动教育优秀成果评选二等奖等好成绩。

回顾"共进计划"的实施历程，非常感谢广东第二师范学院给予大家共同成长的这个良好平台，感谢竹料三小的校长和老师们，大家一起研讨问题、制定措施，一起砥砺前行。

第一次进校，我们了解到：竹料三小教师年龄偏大，临聘教师多，教学模式单一，课堂沉闷，教师课堂调控缺方法；德育途径单一、老套，学生体验少；对于学困生也没有一些有效的措施进行管理；学生家长大多外出工作，没有时间管学生。两位校长和科组长埋头苦干，但苦于找不到突破口，难以点亮老师们的工作激情。

于是，工作站分步采取了以下一些举措。

一、构建完善的办学思想体系

经过与学校反复讨论研究，一致认为应将原来的办学理念"让充实人生从这里起步"改为"美好人生，从有恒开始"，将原来的"德育目标:身体强健、意志坚强、善美尚美、文明有礼、热爱生活"改为"育人目标:培养身体强健、意志坚毅、善学尚美的新时代少年"，将原来的德育理念"品德在活动有恒中养成"改为"有恒品质，奋勇争先"，强调了学生良好品格的形成，提升了立德树人的要求。

二、打造独特的教学模式

竹料三小地处农村，办学条件、师资队伍、生源素质等，相比其他学校在很多方面处于明显的劣势:一是教师的服务意识还不够到位，危机意识也不够强烈;二是名师要实现高质量发展，必须从课堂教学入手，课堂教学是提升教学质量的主阵地。通过近3年的研究、探索，逐步形成了高效课堂"五步教学法"教学模式，并于2023年5月9日向钟落潭镇展示，受到钟落潭教育指导中心主任祝小平和全镇各小学骨干教师的赞扬。

1. 导:导入新课，激趣明标。

2. 探:探究新知，合作达标。

3. 练:巩固练习，归纳提升。

4. 展:拓展延伸，形成能力。

5. 评:反馈矫正，评价汇智。

三、促进教师的专业发展

在广东省名校长工作站主持人许贤苏团队的引领下，通过与专家和教师的交流和互动以及实践探索和经验分享，为教师提供更新、更全面和更深入的教育理论、方法和技巧。在专家的引领下，教师可以更好地理解和应用这些知识和技能，提高自己的专业水平和教学质量，进而对学生的学习和发展产生积极的影响。

（一）跟岗学习，点燃激情

2021年4月，安排竹料三小全体教师分三批到狮山实验学校跟岗学习。跟岗期间，狮山实验学校举行了广东省未来学校与创新发展高端论坛暨智慧课堂展示活动、第一届青年教师能力大赛以及与竹料三小教师同课异构等活动，竹料三小教师们积极参与、收获满满。回校后，他们还召开了学习经验分享会，教师们在反思中找到了自己成长的短板和发展方向，焕发教育教学的工作热情。从此以后，教师们不断反思，多想办法，改革意识、思考力被激发，工作更加主动，心态更加阳光向上，整间学校焕发勃勃生机。

（二）加强指导，力促提升

每次进校，我们3位学科专家都会听竹料三小教师的公开课，进行集体评课，并通过专题讲座的形式予以系统而专业的指导。比如，语、数、英3个学科专家根据竹料三小的实际需求在线上开讲座并答疑，语文的主题是"如何有效指导学生阅读"，数学的主题是"如何帮助学困生走出困境"，英语的主题是"名家引航速成长，团队合力获硕果"。

除此之外，学科专家平时还与竹料三小科组经常沟通交流教育教学问题，及时答疑解惑。针对学生不听讲、课堂组织能力弱的老师，专家提出建立薄弱教师档案，教导处加大管理力度，落实帮扶措施，配备骨干教师每周不少于5节听课，进行精准帮扶。针对有成长潜质的教师，要树标杆、给机会。

经过持续指导，竹料三小教师在学习中不断进步，不断提高，特别是年轻教师经过学习历练，教学基本功更加扎实，处理课堂问题的能力更强，理论与实践水平都得到了不同程度的提高，他们如雨后春笋般节节攀升，不断获奖。

四、课题引领，实现高质量发展

狮山实验学校校长许贤苏、教师发展中心副主任邓雅思及三位学科名师通过线上讲座、微信沟通交流指导竹料第三小学开展教育教研课题申报，促进竹料三小强科研、创品牌。

序号	学科	课题	级别	主持人
1	数学	"双减"政策下农村学校有效数学作业设计的研究	省级	冯焕芬
2	英语	基于思维品质的小学英语中高年段单元作业设计策略研究	省级	温婷花
3	语文	以核心素养为导向的小学语文课堂提问与评价的实践研究	省级	冯要群
4	德育	"双减"背景下农村小学单亲家庭家校沟通策略研究	市级	高雅静

五、形成"有恒教育"特色课程体系，促进学生全面发展

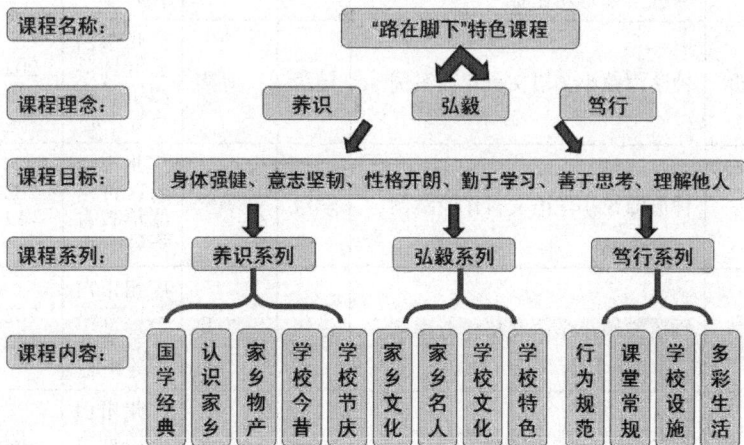

竹料三小"有恒教育"特色课程

3 年来，竹料三小开展了校园文化艺术节、数学文化节、大型工艺美术作品展等活动，组建了英语话剧、合唱、舞蹈、语言艺术、经典国学等兴趣班。2020 年 12 月，竹料三小德育成果《加强校园文化建设，提高学生综合素质》获白云区德育创新成果三等奖。

学校以艺术活动为载体，艺术创作以禁毒为主题，把禁毒预防教育和艺术教育相融合，成为首批"广东省千所省禁毒示范学校"，2021 年获得白云区禁毒预防教育示范学校。

六、师生成果丰硕

教师部分获奖情况统计表

序号	姓名	获奖项目	级别	获奖等次	颁奖单位	获奖时间
1	李晓君	第二届广州市中小学青年教师教学能力大赛	市级	二等奖	广州市教育局	2021年
2	顾林林	第二届广州市中小学青年教师课堂教学基本功比赛	市级	一等奖	广州市教育局	2021年
3	林旭纯	第二届广州市中小学青年教师课堂教学基本功比赛	市级	二等奖	广州市教育局	2021年
4	高雅静	第二届广州市中小学青年教师课堂教学基本功比赛	市级	二等奖	广州市教育局	2021年
5	冯要群	钟落潭镇小学语文科作业案例	镇级	一等奖	广州市白云区钟落潭镇教育指导中心	2022年12月
6	萧志华	钟落潭镇小学语文科作业案例	镇级	一等奖	广州市白云区钟落潭镇教育指导中心	2022年12月
7	黎淑芳	钟落潭镇小学语文科作业案例	镇级	一等奖	广州市白云区钟落潭镇教育指导中心	2022年12月
8	欧阳绮晴	钟落潭镇小学语文科教学能力大赛之"说课比赛"	镇级	三等奖	广州市白云区钟落潭镇教育指导中心	2022年12月

续表

序号	姓名	获奖项目	级别	获奖等次	颁奖单位	获奖时间
9	苏顺珍	2022年白云区少先队工作论文（活动案例）	区级	优秀奖	广州市白云区教育局	2022年9月
10	龙丽菊	撰写的作业设计《解比例》在2021学年第二学期"白云区小学数学课外作业设计"获三等奖	区级	三等奖	广州市白云区教育研究院	2022年7月
11	林旭纯	2022学年第一学期钟落潭镇班主任技能大赛	镇级	三等奖	广州市白云区钟落潭镇教育指导中心	2022年9月
12	黎诗瑜	撰写论文《浅谈"双减"下农村小学的语文教学》	镇级	三等奖	广州市白云区钟落潭镇教育指导中心	2022年7月
13	温婷花	单元整体设计六年级上册《Unit 5　What's the matter with you》	区级	三等奖	广州市白云区教育研究院	2022年1月
14	温婷花	单元整体设计六年级下册《Unit 3　What animal is it?》	区级	二等奖	广州市白云区教育研究院	2022年7月
15	陆启成	撰写论文《"双减"政策下乡村小学少先队提质增效的路径选择》	区级	三等奖	广州市白云区教育研究院	2022年11月
16	简均贝	撰写论文《浅谈农村小学低年级音乐美育教学的方法》	镇级	三等奖	广州市白云区钟落潭镇教育指导中心	2022年10月
17	李玉倩	钟落潭镇小学语文科作业案例	镇级	三等奖	广州市白云区钟落潭镇教育指导中心	2022年12月
18	萧敏仪	论文《"双减"背景下小学信息技术有效任务设计的研究——以开心游乐场——图像的旋转与翻转》，宣读并交流	区级	二等奖	广州市白云区教育研究院	2022年7月
19	萧敏仪	信息技术五年级单元设计	区级	二等奖	广州市白云区教育研究院	2022年12月
20	萧敏仪	课题"小学生智慧型阅读成长案例研究"	区级	已结题	广州市白云区教育研究院	2022年7月

续表

序号	姓名	获奖项目	级别	获奖等次	颁奖单位	获奖时间
21	林志虹	单元整体设计三年级下册《Unit 6 May I have your telephone number?》	区级	二等奖	广州市白云区教育研究院	2022年7月
22	王文鈺	2022年钟落潭镇中小学美育教师写作能力提升交流活动	镇级	三等奖	广州市白云区钟落潭镇教育指导中心	2022年10月
23	学校	2022年"我颂二十大，建功新时代"广州市白云区钟落潭镇女职工朗诵比赛	镇级	二等奖	广州市白云区钟落潭镇教育指导中心	2022年10月
24	陈美凤	五年级上册第三单元作业设计与实施案例	镇级	一等奖	广州市白云区钟落潭镇教育指导中心	2022年12月
25	陈美凤	钟落潭镇小学语文科教学能力大赛之"说课比赛"	镇级	三等奖	广州市白云区钟落潭镇教育指导中心	2022年12月

2021年，竹料三小学生获广东省无线电测向冠军赛个人项目2个一等奖，6人次获奖；学生参加广佛肇无线电测向竞赛团体二等奖，广州市第七届校园无线电阳光测向活动二等奖。2020年、2021年，学校均获钟落潭文化艺术节镇小学组一等奖。音乐剧《去年的树》在白云区环保讲演大赛中获二等奖，快板《说白云、话广州》获白云区语言类比赛二等奖。2020年、2021年，学校均获钟落潭镇金钟杯舞蹈比赛二等奖。

部分学生参加各级各类活动获奖情况统计

序号	学生姓名	获奖项目	级别	获奖等次	颁奖单位	获奖时间
1	萧小潇	奋进新征程，喜迎二十大"中国梦　延安情"革命传统教育书画比赛	市级	三等奖	广州市教育局	2022年11月
2	萧茗曦	老少同声颂党恩，携手喜庆二十大——白云区钟落潭镇中小学生书画作品展活动	镇级	一等奖	广州市白云区钟落潭镇教育指导中心	2022年10月

续表

序号	学生姓名	获奖项目	级别	获奖等次	颁奖单位	获奖时间
3	曾伊琳	老少同声颂党恩，携手喜庆二十大——白云区钟落潭镇中小学生书画作品展活动	镇级	二等奖	广州市白云区钟落潭镇教育指导中心	2022年10月
4	李晓彤	老少同声颂党恩，携手喜庆二十大——白云区钟落潭镇中小学生书画作品展活动	镇级	二等奖	广州市白云区钟落潭镇教育指导中心	2022年10月
5	萧志杭	老少同声颂党恩，携手喜庆二十大——白云区钟落潭镇中小学生书画作品展活动	镇级	三等奖	广州市白云区钟落潭镇教育指导中心	2022年10月
6	萧雨彤	老少同声颂党恩，携手喜庆二十大——白云区钟落潭镇中小学生书画作品展活动	镇级	三等奖	广州市白云区钟落潭镇教育指导中心	2022年10月
7	萧志烨	老少同声颂党恩，携手喜庆二十大——白云区钟落潭镇中小学生书画作品展活动	镇级	三等奖	广州市白云区钟落潭镇教育指导中心	2022年10月
8	萧语澄	老少同声颂党恩，携手喜庆二十大——白云区钟落潭镇中小学生书画作品展活动	镇级	三等奖	广州市白云区钟落潭镇教育指导中心	2022年10月
9	李梓琪	老少同声颂党恩，携手喜庆二十大——白云区钟落潭镇中小学生书画作品展活动	镇级	三等奖	广州市白云区钟落潭镇教育指导中心	2022年10月
10	萧睿琳	老少同声颂党恩，携手喜庆二十大——白云区钟落潭镇中小学生书画作品展活动	镇级	三等奖	广州市白云区钟落潭镇教育指导中心	2022年10月
11	萧泳怡	白云区钟落潭镇首届中意少儿绘画比赛	镇级	一等奖	广州市白云区钟落潭镇教育指导中心	2022年11月
12	李梓琪	白云区钟落潭镇首届中意少儿绘画比赛	镇级	一等奖	广州市白云区钟落潭镇教育指导中心	2022年11月

续表

序号	学生姓名	获奖项目	级别	获奖等次	颁奖单位	获奖时间
13	萧雅倩	白云区钟落潭镇首届中意少儿绘画比赛	镇级	二等奖	广州市白云区钟落潭镇教育指导中心	2022年11月
14	萧泳怡	2022年钟落潭镇乡村学校美术作品成果交流活动	镇级	二等奖	广州市白云区钟落潭镇教育指导中心	2022年10月
15	李梓琪	2023年钟落潭镇乡村学校美术作品成果交流活动	镇级	三等奖	广州市白云区钟落潭镇教育指导中心	2022年10月
16	四（3）班	"羊城和声美 唱响新时代"2022年广州市白云区学校合唱节	区级	三等奖	广州市白云区教育研究院	2022年10月
17	萧峻铭	2022年广东省少年儿童践行社会主义核心价值观主题征文活动	区级	三等奖	广州市白云区教育研究院	2022月12月
18	萧颖怡	2022年白云区钟落潭少先队"喜迎二十大，唱响白云梦"微视频作品比赛	镇级	三等奖	广州市白云区钟落潭镇教育指导中心	2022年10月
19	萧颖诗	2022年白云区钟落潭少先队"喜迎二十大，唱响白云梦"微视频作品比赛	镇级	三等奖	广州市白云区钟落潭镇教育指导中心	2022年10月

七、存在不足及改进措施

1. 未建立自我发展机制。今后要发挥学校自身的主动性，通过目标导向、过程支持、绩效评估的评价机制，支持学校增强自身发展的动力。

2. 骨干教师未形成自己的教学风格。今后要多搭建平台，多整合专家资源，培养骨干教师提升教学能力和水平，形成教学风格。

3. 学校经费紧缺，教师缺编严重，教育设备老化。今后政府应加大投入，确保学校运行经费充足，开展"有恒教育"各项活动，添置教育设备，补齐缺编教师，让学校发展得更好。

携手同行，共建共进

——白云区钟落潭镇蟠龙小学李小田名校长工作站教学共进工作总结

3年来，白云区钟落潭镇蟠龙小学李小田名校长教学共进工作站按照《广东第二师范学院与白云区钟落潭镇13所学校共进计划专家进校实施方案》《广东第二师范学院聘用名校长工作站主持人合作协议书》及《李小田名校长工作站教学共进工作方案》，克服新冠疫情困扰，有条不紊地开展教学共进工作。李小田校长为蟠龙小学名校长培养对象萧鉴彬（萧国标）校长的专业成长从课程改革、课堂教学、教育科研、教师专业提升等方面从理论到实践进行专业指导，蟠龙小学教育教学质量、萧鉴彬（萧国标）校长教学领导力都得到一定程度的提升。

一、基本情况

李小田名校长工作站设在钟落潭蟠龙小学，由李小田和萧鉴彬校长（2022学年为萧国标校长）协同工作，工作室以"自主性、合作性、研究性"为工作原则，以"学习创新促发展，模范辐射创特色"为工作理念，以教育教学实践中的真实问题为研究对象，扎实开展工作。3年来，以培养名校长为主要工作目的，名校长工作站主持人李小田每学年组织不少于4次指导活动（每次不少于6个学时），指导培养对象（校长）开展学校管理、团队建设、课程教学改革、学校特色打造等方面工作。创新工作室工作方式，通过理论学习、专家引领、考察观摩、交流探讨、课题研究、个人自学等多样的工作方式，运用"找准问题、开展研究、发表见解、提升素质、改进管理、形成思想"的发展思路，对管理工作或专业发展中遇到的疑难或困惑进行梳理、归纳、提炼，进而确定为研究课题，使工作站校长在本地区有一定影响力，基本形成独具一格的办学风格，学校具有高质量的教育办学水平。

二、主要工作

（一）整体设计，制定方案

李小田校长 2020 年 10 月参加了由省二师组织的钟落潭中小学实地调研，2020 年 12 月 17 日上午参加了省二师和白云区教育局的签约仪式并学习了龚孝华处长等几位专家的讲座，如龚处长的《"一校一案"的基本理论与实践路径研究》，下午和几位专家一起对蟠龙小学等学校"一校一案"提出建议。随后深入学习省二师《钟落潭镇名校长 / 名教师工作站"教学共进"计划工作指南》，深度了解蟠龙小学《校长任期目标责任书》和"一校一案"——明办学理念，促教育质量，树品牌学校。通过调研和学习，立足学校实际与地域文化特色，把握好学校自主发展与特色建设的关系，把握好教师发展与教育教学改革的关系，把握好学生发展核心素养与学科核心素养之间的内在关系，对蟠龙小学的发展做了整体设计，制定了《李小田名校长工作站教学共进工作方案》。

（二）专题讲座，转变观念

结合"双减"政策，针对蟠龙小学课堂观察存在的问题，李小田校长为蟠龙小学全体老师开展题为"减负在常态课堂——'双减'新政背景下减负增效途径选择"专题讲座。通过讲座加强蟠龙小学教师上好常态课的意识，提供坑口小学范例，供其参考。"'圆满教育'理念下'五育'融合育人实践"的专题讲座，从"五育"融合教育的背景及意义、教学实践及分析、实施要点和对"五育"融合教育的思考出发，分享了坑口小学"五育"融合的实践经验。华南师范大学童宏保教授为学校带来了"新课改背景下教师如何做课题"的专题讲座。童宏保教授围绕教育科研课题研究主题展开论述，从课题研究如何理解、研究课题如何确定、立项报告如何撰写和研究成果如何表述几个方面层层剖析，解答大部分老师在课题选题、立项、开题、研究、结题过程中遇到的疑惑和问题，为校长、教师进行课题研究作了详尽的指导。思想决定行动，有针对性的专题讲座转变了观念，也为后续的研究行动提供了方向。

（三）课堂观察，提升技能

工作室每学年按计划线上、线下开展课例研讨，确保教学共进活动的顺利开展。3年来，两校共同开展了20多节课例研讨活动。每一次的课例研讨，我们紧扣"二元五次"课堂观察教研模式，做到"四性"：学术性（有研究专题或主题）、规范性（有具体的方案及明确的分工）、工具性（根据观察维度设计观课量表）、实践性（有具体的实操指引）。以语文为例，2021年10月19日进行"教学共进"第一次语文课例研讨活动。蟠龙小学、坑口小学各提供了一节语文展示课，共60多名教师参加了本次活动。每次研讨活动总共分为三部分，第一部分是课前会议，第二部分是课中观课，最后一部分是课后会议。多学科融合课、跨学区校际联盟研讨在每一个学期如实开展。如坑口小学袁洁老师执教的大阅读课例《细菌世界历险记》、邹勤老师执教的融合课《高山流水》、罗婧老师执教的融合课《天鹅湖》、蟠龙小学邓艳嫦执教的课例《那个星期天》。"教学共进"活动为教师们搭建了互相学习、互相交流的平台，达到了优势互补、共同提升的效果，为校长的课程领导力引领了明确的方向。

（四）跟岗交流，取长补短

在"教学共进"活动中，工作站对蟠龙小学的各个科组进行了深入的调研摸查，发现各个学科的教师年龄结构偏大，教师职业倦怠较重，科组的建设也较弱。鉴于各种阻碍科组发展的因素，我们先从学科四人微团队开始，借助每学年蟠龙小学到坑口小学跟岗学习的时间，以及坑口小学到蟠龙小学到校交流的时间，从理论、课堂实践、校本教研等方面展开落实指导，为科组的建设提供有力保障。经过几年的理论学习、课例研讨、跟岗交流，现在蟠龙小学语数英各科有了质的进步，每次的科组研讨活动做到四性:学术性、规范性、工具性、实践性。

（五）课题驱动，教研相长

教与研是相互促进的关系，通过课题任务驱动能够促进校长快速成长。课题不一定要很宏大，应该从日常面临的困境和问题着手，通过查阅文献借鉴他人的优秀经验，结合学校实际通过分析、比较、思考，摸索出解决问题的方法。名校长工作站主持人李小田校长邀请蟠龙小学校长一起参与"基于圆满教

育理念下的教师课堂观察能力提升研究""'双减'背景下小学多学科融合主题
化教学研究"的课题研究，亦带领教师进行了多项课题研究。

三、取得成绩

（一）提升校长办学的责任意识

李小田校长的治学办校的责任意识和智慧对萧校长和两位曾副校长是有积
极影响的。3 年来，李小田校长对学校长期发展的质量意识和对待教育的执着
和追求以及对待学生的强烈责任心深深感染了两位名校长培养对象。

（二）提升校长课程的领导力

李小田校长结合坑口小学的课程改革，分享并指导蟠龙小学语数英学科
建立课堂教学模式，研发课堂评价标准，制定课堂观察量表等一系列的课堂
改革。特别是通过一起学习《义务教育课程方案和课程标准（2022 年版）》促
进了两位名校长培养对象提升课程改革意识，并增强了他们对常态课的管理能
力。正如萧国标校长所说，要上好一堂课不容易，需要校长引导老师倾心钻研
教材、吃透教材，这样上课才能做到心中有数，上课才能更加自如，学生才能
从每一节课中学到知识点。

（三）学校名教师茁壮成长

李小田名校长工作站为学校的创新提供了机会，提供了平台。在名校长工
作站的引领下，学校教师增长了前进的动力，从更大程度上激发了自己的潜
力，部分教师从以前懒于总结整理到现在勤于发现总结，不断地学习、反思，
让自己在一定程度上得到了提高。通过坑口小学和蟠龙小学一次次课例研讨示
范、课例研讨实践，教师对于教学问题的认识更加深入，逐渐由"结果描述"
走向"深度解释"，能够初步运用课堂观察工具改进课堂教学。学校一批教师
迅速成长为市、区级骨干教师。李钟媛老师《打起手鼓唱起歌》课例获广东省
优秀课例；朱芷茵、李钟媛老师参加广州市电视课堂录播；体育科邓拔凯老师、
英语科姚倩华老师均是广州市电视课堂录播的中心组备课人员；朱芷茵老师参

加广州市第六届中小学生运动会体育教师教学技能大赛获优秀成绩；信息技术科余春兰主任在2023年代表白云区承担一节面向全市的人工智能公开课，受到市教研员的好评；道德与法治学科胡润桃老师所上的课例受到市教研员姚顺添老师的好评；英语科宋欢老师、数学科许美钰老师参加广二师集团"一校一案学校"课例现场比赛均获一等奖，语文科郭东梅老师获二等奖。

（四）促进教研共同体建设

李小田校长基于"共同体"的理念，指导蟠龙小学教研组开展"二元五次"的常态课的校本研修，制定课堂观察量表，同科同构或者异构，选择课堂观察点进行课堂观察，一改过往课例研讨随意观察现状。通过团队协作形成最优的教学策略，一课一得，逐个击破教学难点，改进了学科教学的方式方法，提升了校本研修的质量，同时也促进了科组的成长。

（五）促进学校高质量发展

3年来，蟠龙小学在名校长工作站主持人和成员萧鉴彬、萧国标校长的引领下，学校取得不俗成绩。2021年荣获广州市体育传统项目学校，在2022年学校获"智慧阅读校"及"白云区第四批智慧校园""白云区心理示范校"荣誉称号，2022学年学校获钟落潭镇"书香校园"称号，2023年参加镇教师合唱比赛荣获一等奖。近3年，学校获市级以上奖项80多项，区级奖项200多人次，镇级奖项600多人次，学校舞蹈队参加白云区第六届美育节获舞蹈类二等奖，学校合唱队参加区合唱节比赛获二等奖，学校美文诵读节目《新时代少年中国》获区二等奖，学校2022年体育国测抽测及格率100%、优良率90%受到区教委的表扬，学校女子篮球队获2022年区篮球赛第一名，学校女子足球队获2022年区足球赛第四名。

四、存在不足

1. 双方共进工作的主动性还有待增强。

2. 共进的内容广度、深度不够。名校长工作站主持人深入蟠龙小学课堂教学还不够，还未指导如何解释课堂观察结果并提炼改进策略。

3.共进的形式不够多样。

五、改进措施

1.扩大师生的交流面，让共进活动深入人心。

2.推进教学研究进程，促进共进活动朝纵深发展。

3.创新共进活动形式，促进两校校长、教师专业发展。

4.开展学生之间的活动，如学生书信往来活动、两校共读活动、共同朗读美文、书画展示活动等。

崔海友名校长工作站工作总结
（2023年7月12日）

3年来，崔海友名校长工作站依据《广东第二师范学院与白云区钟落潭镇13所学校共进计划专家进校实施方案》和《广东第二师范学院聘用名校长工作站主持人合作协议书》，在广东第二师范学院培训与社会服务处和白云区钟落潭镇教育指导中心的带领下，团结和带领工作站成员，全面贯彻党的教育方针，落实立德树人根本任务，深化课程改革，提高教育教学质量，科学有序做好名校长工作站工作，充分发挥名校长工作站的引领指导作用，认真组织各项学习、交流、研讨活动，较好地完成了目标任务。现对3年的工作总结如下。

一、开展多种形式的学习研修活动

3年来，通过深入学校听课、交流、讨论、讲座、网络研修、理论学习、专题研讨、学校诊断指导、跟岗学习交流、组织参与天河区一模考试等形式开展研修活动，研修活动始终围绕培养目标，依据学校实际选择研讨主题，注重做到五个结合：学习研修与校长素质提升相结合；研修主题与课程改革、质量提升相结合；研修活动与学校教育教学和队伍建设相结合；研究探索与解决学校问题相结合；示范引领与服务学校需求相结合。

（一）实地考察，诊断指导

3年来，深入竹料一中、三中近20次，通过深入课堂听课，与校长们沟通、交流、座谈，探讨了解学校情况，工作室成员的需要，工作中的问题与困惑；与学校干部进行交流，了解教育教学、队伍情况、学校质量、学校管理，需要提供怎样的帮助和指导；与教师交流，探讨课堂教学、学生情况、中考备考、成长需求等问题。针对两校教师队伍年龄偏大，本地教师居多，观念陈旧，有职业倦怠现象；针对学生基础较差，自我管理能力偏弱，家庭对孩子教育不够重视，存在着读书无用的思想等情况，提出创新学校文化，进行职业价值引领，优化学校内部环境，把学校建成精神特区，营造一种积极进取、奋发向上的精神氛围，激发干部职工创业激情。以生为本，变革课堂教学，把学雷锋引入课堂，构建互帮互助的合作学习氛围，激发学生学习的主动性。

（二）理论学习，提升素养

3年来，通过给名校长工作站成员推荐艾玛·麦克唐纳、戴安·赫什曼《如何打造高效能课堂》、王铁军《校长领导力》、林崇德《21世纪学生发展核心素养研究》、刘传沛《校长管理智慧》、彼得·圣吉《第五项修炼：学习型组织的艺术与实务》、李践《果断授权：让别人为你工作》、孙远航《学校发展规划与实施》、季苹《学校发展自我诊断》等现代教育理论专著，通过自学，撰写读书学习笔记，交流学习心得，进行碰撞研讨分享，提高学习效果，提升工作站成员理论素养，促进成员快速成长。

（三）聚焦问题，专题研讨

3年来，先后就学校办学理念的落地生根、课程改革提升教育效果、队伍建设促进学校持续发展、高品质文化建设引领教师干事创业、中考备考策略促教学质量提升等事关学校发展和质量提升等重要问题进行专题研讨，破解学校发展难题，厘清解决问题的思路对策，有效促进了学校的发展和学校管理团队的能力提升。

（四）跟岗考察，岗位实践

3年来，非常注重工作站校长交流考察与跟岗学习，安排了工作站校长、干部和教师到天河区长兴中学、增城区广州理工实验学校进行交流研讨和跟岗学习，通过听课、评课、交流，通过跟岗学校校长的介绍，深入了解与借鉴跟岗交流学校在学校发展规划制定、课程建设与管理、校园文化构建、学校特色建设等方面的办学经验。相互交流办学思想，学校管理的措施，学校发展的状况等。同时工作站成员要撰写跟岗心得，特别是制订学校改进行动计划，返岗后进行实践检验，促进自身和学校发展。

（五）申报立项，课题研究

工作室成员根据各自学校和自己的实际，积极进行课题研究：一方面确立研究课题，并向上级科研部门申报立项，开展卓有成效的研究工作；另一方面注重浓厚教科研氛围，针对教育教学与办学过程中遇到的问题，在学校开展小课题研究，要求人人参与课题研究，让课题研究与学校工作和个人工作紧密结合起来，形成工作研究化，研究工作化的习惯。工作站主持人每学期都会听取课题的研究情况汇报，对课题研究工作进行指导，保证课题研究工作的顺利有效进行。同时，指导工作站成员，注重研究成果转化，更好地提升教育教学工作成效，促进学校、师生的共同发展。

（六）整合资源，促进发展

为促进工作站学校的发展和质量提升，充分利用天河区教师发展中心的资源优势，借助天河区与上海华东师范大学课程所合作进行新课程改革之机，通过语、数、英、道法、历史教研员，给两校教师进行培训，更新教育观念，推动课堂教学改革。与天河区教师进行同课异构，进行专题研讨；根据工作站学校的实际，在天河区内为工作站学校搭建对标学校，跟岗学习交流；同时提供学习培训信息、初三备考资料、区统考和前后测试题，统测后，进行质量分析和备考指导。

二、名校长工作站主要成效

经过 3 年的读书学习、专题研讨、诊断指导、跟岗学习、课题研讨、岗位实践，培养造就政治过硬、品德高尚、业务精湛、治校有方的校长，培养具有坚定的现代教育思想理念，有扎实的教育教学管理理论，有较强的学校管理领导能力，具有吃苦耐劳的实干精神，勇于创新的科学精神，开拓进取的拼搏精神，以人为本的服务精神，具有强烈责任感、使命感和事业心的优秀校长；促进工作站学校校长、干部、教师转变教育观念，勇于改革实践，提升教育教学质量，促进了校长、老师、学生和学校共同发展。

（一）促进了校长发展

校长理论水平有所提高，教育思想理念逐步形成，规划学校发展能力有所提升，营造育人文化和优化学校内部管理的能力有所增强，引领教师专业发展的意识和推动学校课程改革的能力有所提高；能结合学校发展中遇到的问题，积极进行教育科研，两所学校的校长都能积极申报区以上课题，并进行了认真的研究，有效促进了学校的发展。较好地完成了每年读一本以上教育理论专著、撰写论文和读书笔记的字数等方面规定任务。

（二）促进了教师发展

学校教师的师德修养有所提升，干事创业的精气神回来了，更新了教育教学观念，积极学习，注重研究，投身课堂教育教学改革的意识明显增强，专业能力有所提高，团结协作的能力和意识有所提高，在参赛获奖、课题研究、指导学生获奖等方面取得了较为优异的成绩，名师骨干教师的人数有所增多。

（三）促进了学生发展

促进了学生德智体美劳全面发展，校风明显好转，学生学习的积极性、主动性明显提高，学习风气明显好转，综合素质明显提升，参加各种比赛获奖项目增多，名次等级逐年提升。中考成绩逐年提高。

（四）促进了学校发展

办学理念的认同度普遍提高，学校制度得到进一步完善，学校文化与学校历史、人物的契合度逐步提升，学校文化故事广泛传颂；教师队伍建设得到加强，课程建设丰富性和选择性明显增强，课堂教学改革深入推进，取得初步效果，学校内涵得到发展，办学质量得到提高，成为百姓认可的家门口的优质学校。3 年来，竹料一中、三中获国家级奖项 2 次、省级奖项 6 次、市级奖项 10 次、区级奖项 30 次、镇级奖项 35 次。竹料三中毕业班成绩提升明显，荣获广州市白云区初中毕业班工作 2021 学年二等奖、2022 学年一等奖。

三、存在问题和努力方向

一是工作站成员集中活动的次数不够多，交流不够深入。

二是工作站主持人工作繁忙，深入成员所在校的指导不够。

三是由于学校工作多，加上新冠疫情及资金等方面的原因，教育交流考察未能在期限内完成。

今后将尽量挤出时间，增加深入学校考察、交流、指导的次数；每年争取有一次带领名校长工作站学员进行教育交流、考察、学习的机会，开阔校长的视野。继续优化学校文化，加强队伍建设，推进教育教学改革，推动共同体建设，精细高效学校管理等方面，推进工作站学校高质量发展。

第三章　名教师工作站

第一节　名教师工作站概述

在钟落潭镇 13 所学校中，每校成立语文、数学、英语名教师工作站各 1 个，由广东第二师范学院聘任省级教育名家担任名教师工作站主持人。工作站采用"3+3"模式，即 3 个工作站加 3 个所在学校教师工作室。

教师工作室为对接名教师工作站工作，在钟落潭镇 13 所学校中，每校成立语文、数学、英语教师工作室各 1 个，学校选拔学科优秀教师（或科组长）各 1 人担任对应学科教师工作室主持人，学科教师工作室主持人主持工作室活动，主持人招收 5 名左右学员，学校为工作室配套适当的课题经费。

一、名教师工作站主持人工作职责

1. 以 3 年为培养周期，指导各教师工作室开展工作，培养 3—5 名学科骨干教师。

2. 在培养周期内，名教师工作站主持人每学年通过交流研讨、课题指导、教学磨课等方式指导教师工作室开展集中研修不少于 2 次（每次不少于 6 个学时）。

3. 在培养周期内，名教师工作站主持人指导教师工作室成员参加教育部组织的"一师一优课，一课一名师"活动，并至少推出 2 名成员参加市级及以上学科教研活动。

二、名教师工作站主持人工作职责

1. 制订培养周期内的工作室研究计划，包括跟岗学习计划、课题研究计划以及汇报课展示计划等。

2. 主动对接名教师工作站主持人，制定并落实名教师工作站主持人进校指导时间。

3. 每学年必须到名校长工作站主持人所在学校跟岗学习 1 次。

第二节　名教师工作站三年工作规划

竹料第一小学语文名教师工作站三年工作规划
（2021年1月—2024年1月）

一、工作室定位及指导思想

竹料一小坚持以习近平新时代中国特色社会主义思想为指导，贯彻落实全国教育大会精神和全国基础教育工作会议精神，落实立德树人根本任务，发展素质教育，深化课程改革，制订符合本校的语文工作室学习研修计划。

二、工作室组成

1. 名教师工作站主持人：胡华。

2. 培养对象：竹料一小语文工作室。

3. 工作室成员：郭芷茵（主持人）、黎酸衢、林翠枝、李群苏、冯金娣。

三、工作室工作原则

竹料一小建立的语文工作室是一个集教学、科研和培训职能为一体的教师合作共同体。

1. 工作室坚持以发展教师专业素养为本。在名师的指导下，提高青年教师的专业技能水平，培养优秀的骨干教师。

2. 工作室坚持在课堂教学中发展自我。切实抓好工作室成员的自身发展，吸取先进的教育理念，转变教学方式，提高课堂教学质量。

3. 工作室坚持教学课题研究。在教学过程中挖掘值得思考的地方，以课题研究为载体，进行探索与实践，提高成员的教学科研能力。

四、工作室具体目标

语文工作室第一个工作周期为 3 年，按以下三个阶段进行。

第一年：工作室申请、筹建，确定工作室成员，制订工作室计划，开展学员研讨和学习（包括集中学习和自主学习、线下学习和线上学习等）。

第二年：工作室各项活动认真组织、开展中期工作，对照前期存在的问题，改进培养措施，进一步开展跟岗培训、参观考察、课题研讨。

第三年：工作室总结，全面总结工作室和个人情况，形成成果，包括论文、课题结题报告等。

1. 工作室每年制定工作方案，确定每年的工作方向，并在大方向下开展教师教研活动，有针对性地提高教师教学技能水平、增强教师职业素养、更新教师教学观念和思想等。

2. 工作室每位成员每年都应执教一节高质量的公开课，公开课应以当年工作方向为主，并从中提炼课例，供其他老师观摩与思考。在准备公开课前，成员之间要进行交流探讨，帮助上课老师明确课堂重难点、修改教案，课后邀请名师指导点评，并借此机会进行研讨活动。

3. 在周期内，工作室至少要完成一个区课题，大力鼓励教师把自己教学中遇到的难题收集起来，提炼一个小课题，通过研究这些课题来尝试解决实际问题、提高自身的教学能力，并且定期举行研讨活动，邀请名师进校指导课题研究。

4. 工作室大力培养教师的学科研究能力，不断提高自身专业水平和文化素养，在教学过程中总结自己的经验，探索教学研究的新思路，形成富有学科特色的论文或学科研究成果，争取在报纸和期刊上发表。

5. 工作室鼓励成员积极主动参加"一师一优课，一课一名师"活动，积极承担镇、区、市的公开课任务，在教学中磨炼，不断提高自身教学水平。

五、名教师工作站主持人职责

1. 制订培养周期内的工作室研究计划，包括跟岗学习计划、课题研究计划以及汇报课展示计划等。

2. 主动对接名教师工作站主持人，制定并落实名教师工作站主持人进校指导时间。

3. 每学年必须到名校长工作站主持人所在学校跟岗学习 1 次。

六、学习研修内容及形式

跟岗学习、课例观摩、课题研究、讲座教研等。

七、工作站与工作室的每学年具体工作安排

时间	活动内容（工作内容）	活动地点	负责人
1—3月	1.协调成立竹料一小语文工作室。 2.撰写并讨论工作计划，确定培养目标。 3.开展以"课外阅读"和"统编教材使用"为主题的教研活动。 4.阅读教育名著。	竹料一小	胡华、郭芷茵及工作室成员
4—5月	1.统编教材专题研讨，进行课例观摩。 2.收集课题相关文献案例，分析明确研究方向，申报课题。 3.阅读教育名著。	竹料一小	胡华、郭芷茵及工作室成员
6—7月	1.继续课题研究，制定课题研究方案。 2.进行学期工作汇报。 3.名教师对学期工作开展进行总结。 4.阅读教育名著。	竹料一小	胡华、郭芷茵及工作室各成员
7—10月	1.讨论和确定新学期的工作重点，制定工作方案。 2.深入研究课题，将设想与实践相结合。 3.阅读教育名著。	竹料一小	胡华、郭芷茵及工作室成员
11—12月	1.课题研究整理、分析阶段，课题组成员收集、分析、归纳有关实验资料，交流、研讨实验研究情况，成员撰写个人年度小结。 2.主持人撰写工作室年度工作总结。 3.收集各成员资料，汇总成果并提交。	竹料一小	胡华、郭芷茵及工作室成员

胡华名教师工作站

2021 年 1 月

竹料第一小学数学名教师工作站三年工作规划
（2021年1月—2024年1月）

一、指导思想

以习近平新时代中国特色社会主义思想为指引，遵循党的教育方针政策，坚持以人民为中心的指导思想，落实以德树人的根本任务，深入贯彻党的十九

届四中、五中全会关于教育领域的新理念新要求新任务，构建学习共同体，注重提升骨干教师的教学水平，充分发挥骨干教师的示范、辐射和指导作用。

二、工作室组成及工作原则

1. 数学工作室主持人：萧俏维；成员：冯丽燕、冯桂珍、冯婉冰、萧顺兰，工作室与广园小学曾燕芳数学名教师工作站进行对接，成为教师成长、发展、进步的平台。

2. 工作室工作原则：通过理论学习、专家引领、考察观摩、交流探讨、课题研究、个人自学等多样的工作方式，运用"找准问题、开展研究、发表见解、提升素质、改进管理、形成思想"发展思路，提高青年教师的专业技能水平，培养优秀的骨干教师。

3. 工作室坚持教学课题研究。对教学过程中遇到的疑难或困惑进行梳理、归纳、提炼，进而确定为研究课题，以课题研究为载体，进行探索与实践，提高成员的教学科研能力。

三、工作室工作目标

1. 工作室成员在广园小学曾燕芳名教师工作站指导下，结合白云区数学提升工程，这三年的课程研究主要以数学阅读与数学游戏进课堂为主，开展课堂教学研讨，诊断课堂，优化课堂教学，共同进步。

第一年：工作室申请、筹建、确定工作室成员、制订工作室计划、开展学员研讨和学习（包括集中学习和自主学习、线下学习和线上学习等）。

第二年：工作室各项活动认真组织、开展中期工作，对照前期存在的问题、改进培养措施，进一步开展跟岗培训、参观考察、课题研讨。

第三年：工作室总结，全面总结工作室和个人情况，形成成果，包括论文、课题结题报告等。

2. 名教师工作站成员每学期集中到广园小学进行跟岗学习，参加广园小学的校本课程，深入课堂，熟悉了解数学阅读和数学游戏进课堂的模式，把好的方式、方法变为我所用的资源。

3. 名教师工作站成员在教学过程中总结自己的成功经验和典型个案，探索教学研究的新思路，每学年需撰写至少 1 篇有质量的论文。

萧俏维

2021 年 1 月

竹料第一小学英语名教师工作站三年工作规划
（2021年1月—2024年1月）

一、工作室定位及指导思想

坚持以习近平新时代中国特色社会主义思想为指导，贯彻落实全国教育大会精神和全国基础教育工作会议精神，落实立德树人根本任务，发展素质教育，深化课程改革，制定符合本校的英语工作室实施方案。

二、工作室组成及工作原则

竹料一小英语工作室由邓应婷担任主持人，张丽燕、周文娣、萧桂红、车燕秋 4 名教师为成员，这个工作室与甘启志老师主持的名教师工作站对接，是一个集教学、科研和培训职能为一体的教师合作共同体。

1. 工作室坚持以发展教师专业素养为本。在名师的指导下，提高青年教师的专业技能水平，培养优秀的骨干教师。

2. 工作室坚持在课堂教学中发展自我。切实抓好工作室成员的自身发展，吸取先进的教育理念，转变教学方式，提高课堂教学质量。

3. 工作室坚持教学课题研究。在教学过程中挖掘值得思考的地方，以课题研究为载体，进行探索与实践，提高成员的教学科研能力。

三、工作室具体规划与目标

（一）工作规划

英语工作室第一个工作周期为 3 年，按以下三个阶段进行。

第一年：工作室申请、筹建、确定工作室成员、制订工作室计划、开展学员研讨和学习（包括集中学习和自主学习、线下学习和线上学习等）。

第二年：工作室各项活动认真组织、开展中期工作，对照前期存在的问题，改进培养措施，进一步开展跟岗培训、参观考察、课题研讨。

第三年：工作室总结，全面总结工作室和个人情况，形成成果，包括论文、课题结题报告等。

（二）实施细则

每学期／学年的具体实施细则如下：

1. 工作室每名成员上一节高质量的公开课。公开课型主要围绕阅读课开展，低年级注重自然拼读、音素的渗透，中年级的绘本课（渗透自然拼读）、高年级的阅读课（注重小组合作）等，并从中提炼课例，供其他老师观摩。在准备公开课前，成员之间要进行交流探讨，帮助上课老师明确课堂重难点、修改教案，课后邀请名师指导点评，并借此机会进行研讨活动。

2. 至少完成一个有价值的课题研究。鼓励教师把自己教学中遇到的难题收集起来，提炼一个小课题，通过研究这些课题来尝试解决实际问题，提高自身的教学能力，并且定期举行研讨活动，邀请名师进校指导课题研究，保证每学年至少有 1—2 个区级以上教学科研成果。

3. 积极主动参加"一师一优课，一课一名师"活动，并推选 2 名以上的成员参加市级及以上学科教研活动。

4. 工作室主持人每学年必须到名教师工作站主持人所在的广园小学跟岗学习 1 次，时间不少于 1 天。

5. 工作室成员阅读学科相关著作，不断提高自身专业水平和文化素养，在教学过程中总结自己的经验，探索教学研究的新思路，每学年需撰写至少1—2篇有质量的论文，争取在报纸和期刊上发表。

四、工作室每学年 / 学期工作安排表

时间	活动内容（工作内容）	活动地点或方式	负责人
第一个月	1.工作室成员确定个人学年工作计划。 2.集中研讨确定本学年课题研究计划。 3.安排本学期公开课。 4.工作室计划本学年要开展的师生学习、比赛活动（待定，根据每个学年的具体情况定）。	多媒体室	工作室成员
第二个月	1.开展读书交流活动。 2.名师进校指导课题研究，开展课题研究研讨活动。 3.收集课题相关文献案例，分析明确研究方向。 4.成员经验交流汇报（待定）。 5.工作室主持人到广园小学跟岗学习。 6.公开课课前研讨，成员执教公开课。 7.工作室/成员开展学科活动，如学科竞赛、课后兴趣班等（待定，根据每个学年的具体情况定）。	办公室、多媒体室	甘启志、邓应婷及工作室成员
第三个月	1.筹备公开课，课前研讨。 2.成员执教公开课。 3.开展评课活动，名师进校指导。 4.继续课题研究，汇报课题研究进度，名师进校指导。 5.成员经验交流汇报（待定）。	教室、多媒体室	甘启志、邓应婷及工作室各成员
第四个月	1.课题研究整理、分析阶段，课题组成员收集、分析、归纳有关实验资料，交流、研讨实验研究情况。 2.成员执教公开课。 3.开展评课活动，名师指导点评。 4.成员经验交流汇报(待定)。 5.各成员撰写一篇教学论文。	办公室、多媒体室、教室	甘启志、邓应婷及工作室成员
第五个月	1.成员撰写个人年度小结。 2.主持人撰写工作室年度工作总结。 3.收集各成员资料，汇总成果。 4.汇报课题研究成果，名师点评。	办公室、多媒体室	甘启志、邓应婷及工作室成员

邓应婷名教师工作站

2021 年 1 月

竹料第二小学语文名教师工作站三年工作规划
（2021年1月—2024年1月）

一、指导思想

以"一校一案"为契机，立足课堂管理，提升语文教师专业水平。加强科组建设，规范教学管理，提高教研活动和集体备课的实效性。乘借东风，打造课堂模式，提高教学质量。

二、具体目标

（一）个人发展

完成 200 课时的阅读任务；承担 1 节镇或区的研讨课；完成 1 项校级或区级以上课题研究，在省级以上刊物发表 1 篇以上教育教学论文；获得 1 项区级以上荣誉。

（二）教师发展

教师的教学观念有所更新，教学能力和教学水平有所提高，科研项目和教育教学成果有所增加。

（三）学生发展

学风有所改善，学习已成为一种风气，学生的综合能力和综合素养有所提高，期末检测成绩有所提高。

（四）科组发展

办学理念有所提升，科组文化建设得到丰富，教师队伍建设得到加强，课堂教学改革取得较好的效果，教学质量得到提高。

三、成立工作室

成立工作室与广园小学的胡华老师主持的名教师工作站对接，成为一个集教学、科研和培训职能为一体的教师合作共同体。乘借这股东风，提高自己的科研能力和教学水平，成为学校的骨干力量。

工作室主持人：冯丽冰；成员：叶银枝、张雪连、彭璐、钟绮璇、卢颖珊、周李婷、张洁梅。

四、工作室的职责和任务

1. 工作室成员阅读学科相关著作，不断提高自身专业水平和文化修养，在教学过程中总结自己的经验，探索教学研究的新思路，并形成课题，进行有价值的课题研究。

2. 参加上级的所有比赛活动，如撰写高质量的论文或教学设计等，争取在镇、区、市等获奖或在刊物上发表。

3. 工作室成员在这3年内跟岗学习，上课评课，参加上级举办的各项比赛及理论学习，做课题研究，不断提升自己的教学能力和科研能力，给自己压担子，促成长，以点带面，辐射全校，整体提升语文科的教学水平和教学质量。

4. 工作室成员要起示范引领作用，出外听课后回来传达，在同年段中推广学到的教学模式，打造具有竹料二小特色的教学模式。

5. 工作室成员要多听优秀课，相互之间多听课，多学习交流，提升自己的教学水平，并打造具有自己特色的课堂教学模式。校内的研讨课都要参与听课和评课，提升自己的教学水平。

6. 每个学期的同年级进行的集体备课，第一次是由工作室成员负责发言，发言人先把本单元的备课准备好，在级组里讨论，形成二次备课。

7. 每个学期每个成员推门听课1—2次，听课后进行评课，取长补短，教学相长。工作室各位成员要提高课堂教学效率，向 40 分钟要质量，在不断的教学探索中形成自己的教学风格，并能在语文科组内推广。

8.每次工作室的活动都要拍照，在群里点评，做好记录，并制作美篇（彭璐、钟绮璇、卢颖珊、张洁梅等老师负责）。

9.建立一个语文科资源共享的平台，平台上传上研讨课老师的课件和教案，做到资源共享（卢颖珊、张洁梅老师负责）。

五、学习研修内容及形式

跟岗学习、课题研究、示范引领、上课评课等。

六、具体工作计划

（一）2021 年上半年

1.3 月跟岗学习 3 次，分别是：

（1）3 月 11 日周四下午 2∶00 江村小学，课外阅读。

（2）3 月 16 日周二上午 9∶00 张村中心小学，统编教材研讨。

（3）3 月 23 日周二上午 9∶30 新市片小学，语文课外阅读专题教研，课例 + 讲座。

2.4、5 月上研讨课，听课，评课，在教学实践中不断提升自己。

4 月份竹料二小的彭璐老师上一节研讨课；5 月去竹料一小听课，胡华老师和竹料一小、竹料二小的全体语文老师参加，工作室成员要参加听课评课。

3.工作室全体成员 6 月到竹料一小参加上半年总结会。

（二）2021 年下半年

1.跟岗学习。

2.工作室的成员上研讨课及评课。

3.筹备申报课题。

4. 阅读教育名著。

5. 工作室的工作情况汇报。

（三）2022 年上半年

1. 跟岗学习。

2. 工作室的成员上研讨课及评课。

3. 申报课题。

4. 撰写论文。

5. 阅读教育名著。

6. 工作室的工作情况汇报。

（四）2022 年下半年

1. 跟岗学习。

2. 开展课堂教学示范课活动。

3. 课题开题和研究。

4. 撰写并发表教育教学论文。

5. 继续全面开展课堂教学策略实验，并提炼出阶段性成果。

6. 工作室的工作情况汇报。

（五）2023 年上半年

1. 跟岗学习。

2. 撰写教育教学论文。

3. 举行质量提升研讨活动。

4. 阅读教育名著。

5. 举行课堂教学大比武活动，检验教师成长成果。

6. 举行学生技能展示大赛活动。

7. 工作室的工作情况汇报。

（六）2023 年下半年

1. 撰写培养总结报告。

2. 培养对象成果报告会。

3. 课题结题报告会，课题成果展示、推广。

竹料第二小学语文工作室

2021 年 3 月

竹料第二小学数学名教师工作站三年工作规划
（2021年1月—2024年1月）

为贯彻《中共中央、国务院关于全面深化新时代教师队伍建设改革的意见》《广东省委、广东省人民政府关于全面深化新时代教师队伍建设改革的实施意见》，切实做好名校长工作站工作，充分发挥名校长工作站的专业发展功能，培养出高素质的有教育家思想的优秀校长，依据《广东第二师范学院与白云区钟落潭镇 13 所学校共进计划专家进校实施方案》和《广东第二师范学院聘用名校长工作站主持人合作协议书》，结合竹料一小和竹料二小实际，制订如下学习研修工作计划。

一、培养目标

1. 坚持以发展教师专业素养为本。在名师的指导下，提高青年教师的专业技能水平，培养优秀的骨干教师。

2. 坚持在课堂教学中发展自我。切实抓好工作室成员的自身发展，吸取先进的教育理念，转变教学方式，提高课堂教学质量。

3. 坚持教学课题研究。在教学过程中挖掘值得思考的地方，以课题研究为载体，进行探索与实践，提高成员的教学科研能力。

二、具体目标

1. 工作室每个成员上一节高质量的公开课。公开课型要多样，并从中提炼课例，供其他老师观摩。结合白云区数学提升工程，这一学年的课程研究主要以数学游戏活动课为主。在准备公开课前，成员之间要进行交流探讨，帮助上课老师明确课堂重难点、修改教案，课后邀请名师指导点评，并借此机会进行研讨活动。

2.完成一个有价值的课题研究。鼓励教师把自己教学中遇到的难题收集起来，提炼一个小课题，通过研究这些课题来尝试解决实际问题，提高自身的教学能力，并且定期举行研讨活动，邀请名师进校指导课题研究，保证每学年至少有1—2个区级以上教学科研成果。本学年初定的课题研究内容是数学游戏在数学中的运用。

3.积极主动参加"一师一优课，一课一名师"活动，并推选2名以上的成员参加市级及以上学科教研活动。

4.工作室主持人每学年必须到名教师工作站主持人所在的广园小学跟岗学习1次，时间不少于3天。

5.工作室成员阅读学科相关著作，不断提高自身专业水平和文化素养，在教学过程中总结自己的经验，探索教学研究的新思路，每学年需撰写至少1—2篇有质量的论文，争取在报纸和期刊上发表。

三、工作室组织结构和成员组成

1.工作室培养对象

白云区竹料第二小学冯银花、冯艳珊、萧浜祥、吴楚敏、黄文俊、黄彩颜。

2.培养对象职责

（1）工作室培养对象（数学老师），在主持人的指导下，积极参与各项活动，积极撰写论文，紧跟主持人的脚步。

（2）工作室培养对象（数学）在培养周期内，每年到主持人所在学校跟岗学习不少于1次。

四、学习研修内容及形式

跟岗学习、现场诊断、课题研究、示范引领等。

五、跟岗学习的安排（每学期1次，每学年共2次，每次2天）

时间	活动内容（工作内容）	活动地点或方式	负责人
2021年3月	1.工作室成员确定2020学年个人工作计划。 2.集中研讨确定本学年课题研究计划。 3.安排本学期公开课。	竹料二小会议室	工作室各成员
2021年4—7月	1.开展数学科阅读活动。 2.名师进校指导课题研究，开展课题研究研讨活动。 3.收集课题相关文献案例，分析明确研究方向。 4.成员经验交流汇报（待定）。	竹料一小办公室、多媒体室	工作室各成员
2021年5月	1.筹备公开课，课前研讨。 2.成员执教公开课（待定）。 3.开展评课活动，名师进校指导。 4.继续课题研究，汇报课题研究进度，名师进校指导。 5.成员经验交流汇报（待定）。 6.工作室主持人到广园小学跟岗学习。	竹料二小教室、多媒体室	工作室各成员
2021年6月	1.课题研究整理、分析阶段，课题组成员收集、分析、归纳有关实验资料，交流、研讨实验研究情况。 2.成员执教公开课（待定）。 3.开展评课活动，名师指导点评。 4.成员经验交流汇报（待定）。 5.各成员撰写一篇教学论文。	竹料一小办公室、多媒体室、教室	工作室各成员
2021年7月	1.成员撰写个人年度小结。 2.主持人撰写工作室年度工作总结。 3.收集各成员资料，汇总成果。 4.汇报课题研究成果，名师点评。	竹料二小办公室、多媒体室	工作室各成员
2021年8—10月	1.阅读教育名著。 2.开展评课活动，名师指导点评。 3.成员经验交流汇报（待定）。	竹料一小办公室、多媒体室、教室	工作室各成员

续表

时间	活动内容（工作内容）	活动地点或方式	负责人
2021年11—12月	1.确定并申报研究课题。 2.举行开题报告论证会。	竹料二小办公室、多媒体室	工作室各成员
2022年1—3月	1.撰写工作小结，跟岗汇报。 2.课题研究开题 3.撰写研究论文。 4.阅读教育名著。	竹料一小办公室、多媒体室	工作室各成员
2022年4—7月	1.继续全面开展课堂教学策略指导。 2.进行课堂教学的研讨活动。 3.开展课堂教学示范课活动。 4.开展质量提升研讨会。 5.阅读教育名著	竹料二小办公室、多媒体室	工作室各成员
2022年8—9月	1.专家进校诊断、指导。 2.撰写并发表教育教学论文。 3.课题结题、成果展示、发表、推广。	竹料一小办公室、多媒体室	工作室各成员
2022年10—12月	1.培养对象到工作站主持人所在学校跟岗。 2.继续全面开展课堂教学策略实验，并提炼出阶段性成果。 3.进行课堂教学策略成果论证会。 4.召开学生代表及家长代表座谈会，了解学生及家长对学校的评价及建议。	竹料二小办公室、多媒体室	工作室各成员
2023年1—3月	1.撰写教育教学论文。 2.召开教师座谈会，了解教师对学校一系列改革的看法和意见建议。	竹料一小办公室、多媒体室	工作室各成员
2023年4—8月	1.培养对象到外校参观学习，并撰写学习心得体会。 2.举行质量提升研讨活动。 3.举行课堂教学大比武活动，检验教师成长成果。 4.举行学生技能展示大赛活动。 5.课题结题报告会，课题成果展示、推广。	竹料二小办公室、多媒体室	工作室各成员
2023年9月—2024年1月	1.撰写培养总结报告。 2.培养对象成果报告会。 3.专家对培养对象成果鉴定，培养成果展示、推广会。 4.考核评价，材料汇总。 5.结业仪式。	竹料一小办公室、多媒体室	工作室各成员

竹料第二小学数学工作室

2021 年 1 月

竹料第二小学英语名教师工作站三年工作规划
（2021年1月—2024年1月）

为贯彻《中共中央、国务院关于全面深化新时代教师队伍建设改革的意见》《广东省委、广东省人民政府关于全面深化新时代教师队伍建设改革的实施意见》，切实做好校长工作站工作，充分发挥校长工作站的专业发展功能，培养出高素质的有教育家思想的优秀校长，依据《广东第二师范学院与白云区钟落潭镇 13 所学校共进计划专家进校实施方案》和《广东第二师范学院聘用名校长工作站主持人合作协议书》，结合竹料一小和竹料二小实际，制订如下学习研修工作计划。

一、培养目标

1. 坚持以发展教师专业素养为本。在名师的指导下，提高青年教师的专业技能水平，培养优秀的骨干教师。

2. 坚持在课堂教学中发展自我。切实抓好工作室成员的自身发展，吸取先进的教育理念，转变教学方式，提高课堂教学质量。

3. 坚持教学课题研究。在教学过程中挖掘值得思考的地方，以课题研究为载体，进行探索与实践，提高成员的教学科研能力。

二、具体目标

1. 工作室每个成员上一节高质量的公开课。公开课型要多样，包含新授课、巩固课、阅读课和练习课，并从中提炼课例，供其他教师观摩。在准备公开课前，成员之间要进行交流探讨，帮助上课教师明确课堂重难点、修改教案，反复磨课，课后邀请名教师指导点评，并借此机会进行研讨活动。

2. 完成一个有价值的课题研究。鼓励教师把教学中遇到的难题收集起来，提炼一个小课题，通过研究这些课题来尝试解决实际问题，提高自身的教学能力，并且定期举行研讨活动，邀请名师进校指导课题研究，保证每学年至少有1—2个区级以上教学科研成果。

3. 积极主动参加"一师一优课，一课一名师"活动，并推选 2 名以上的成员参加市级及以上学科教研活动。

4. 科组发展：办学理念有所提升，科组文化建设得到丰富，教师队伍建设得到加强，课堂教学改革取得较好的效果，教学质量得到提高。

5. 工作室成员阅读学科相关著作，不断提高自身专业水平和文化素养，在教学过程中总结自己的经验，探索教学研究的新思路，每学年需撰写至少1—2篇有质量的论文，争取在报纸和期刊上发表。

三、工作室组织结构和成员组成

（一）工作室培养对象

白云区竹料第二小学李顺妹（主持人）、冯肖云、冯文珊、杨间芬、林熙淳和谢伟芬。

（二）培养对象职责

1. 工作站培养对象（英语教师）在名师的指导下，积极参与各项活动，积极撰写论文，紧跟名师的脚步。

2. 工作站培养对象（英语教师）在培养周期内，每年到主持人所在学校跟岗学习不少于 1 次。

四、学习研修内容及形式

跟岗学习、现场诊断、课题研究、示范引领等。

五、具体工作计划

（一）2021 年上半年

1.4、5 月上研讨课，听课，评课，在教学实践中不断提升自己。

2.4 月广园小学的甘启志老师上一节研讨课，5 月去竹料一小听课，6 月来竹料二小听课。甘启志老师和竹料一小、竹料二小的全体英语老师参加，工作室成员要参加听课评课。

（二）2021 年下半年

1. 跟岗学习。

2. 工作室的成员上研讨课及评课。

3. 筹备申报课题。

4. 阅读教育名著。

5. 工作室的工作情况汇报。

（三）2022 年上半年

1. 跟岗学习。

2. 工作室的成员上研讨课及评课。

3. 申报课题。

4. 撰写论文。

5. 阅读教育名著。

6. 工作室的工作情况汇报。

（四）2022 年下半年

1. 跟岗学习。

2. 开展课堂教学示范课活动。

3. 课题开题和研究。

4. 撰写并发表教育教学论文。

5. 继续全面开展课堂教学策略实验，并提炼出阶段性成果。

6. 工作室的工作情况汇报。

（五）2023 年上半年

1. 跟岗学习。

2. 撰写教育教学论文。

3. 举行质量提升研讨活动。

4. 阅读教育名著。

5. 举行课堂教学大比武活动，检验教师成长成果。

6. 举行学生技能展示大赛活动。

7. 工作室的工作情况汇报。

（六）2023 年下半年

1. 撰写培养总结报告。

2. 培养对象成果报告会。

3. 课题结题报告会，课题成果展示、推广。

竹料第二小学英语工作室

2021 年 3 月

竹料第三小学语文名教师工作站三年工作规划
（2020年9月1日—2023年8月31日）

一、指导思想

根据上级的要求，组建竹料第三小学语文工作室，以"搭平台、促成长、广辐射、共发展"为宗旨，以"师德素养与专业水平相结合、自主研修与指导研修相结合、理论与实践相结合、全面提高与形成特色相结合、反思与提升相结合"为原则，以"深化课堂教学改革，提高教师专业水平"为核心，以"专业修炼、协调合作、共同成长"为基本形式，瞄准新课程实施和课堂变革的前沿信息，在实践探索中破解学科教学难题，实现工作室成员的专业化发展，引领学科教学共同发展。

二、科组现状

竹料三小语文科组有 22 人，其中本科学历 16 名、大专学历 4 名，中老年的教师人数比较多。另外，华附实验学校还有支教教师 3 名、政府雇员 3 名、顶岗教师 5 名。

学校中老年教师较多，越是教学多年的教师往往越会形成其专一的教学模式，这套模式久而久之便成了其教学的一种习惯，对于新教材的使用容易"穿新鞋走老路"，以不变应万变。

青年教师大多数具有较高学历，他们大量承担教学科研工作，但由于缺乏教学经验，在教学上手段单一，教学艺术等有欠缺。

科组教师无具体的课题研究方向，自我研修的积极性不高。

通过走进课堂、座谈等，了解到学生整体素质偏低，学习缺乏主动性，缺乏学习兴趣，造成教师上课的积极性受挫，形成一种恶性循环。课堂效率不高，只能利用课余时间恶补，但是收效甚微。

三、工作目标

工作室以名师为引领，以学科为纽带，以先进的教育思想为指导，遵循优秀教师的成长规律，提高教师专业素养，深化课堂教学改革，认真落实课程计划，夯实教育教学常规，以解决小学语文课程改革的实际问题为主要任务，自主开展系列研修活动，使工作室成为"研究的平台、成长的阶梯"，在课内外教育教学上出成果，课题研究上出成果，力求在 3 年内形成一支在竹料三小语文科组有影响力的、具有引领和辐射作用的小学语文教师团队。同时充分发挥语文工作室的示范辐射作用，实行分层式，一带一培养，提高语文科组教师专业素养，把理论落实到课堂中去，促进学校语文教师队伍整体素质的进一步提高。

四、阶段计划

（一）理论学习阶段（2020.09—2021.08）

1.认真学习关于语文统编教材的相关理论知识，如温儒敏的关于语文教学的 23 条建议、陈先云的专著《语文教育问题与改革》等，以及《小学语文》《小学语文教师》等期刊发表的关于语文教学的相关文章。

2.利用网络平台，听专家的课以及讲座等。学校可以建立资源库，收集这些课例和讲座，作为研修资源。

3.建立语文科组的三级梯队，以骨干教师为中心，成立学习共同体。

4.反思学科现状，大胆革新，寻求突破口，营造积极向上的学习氛围（学习相关教育教学专著，调整教师的教育观念，着眼于学生的长远发展）。

5.进行文本解读活动。工作室定期组织文本解读活动，分主题、分课型、分年级进行，对小学语文各类文本的教学处理有明晰的、个性化的认识，形成可操作性的教学建构方案。

（二）实践探索阶段（2021.09—2022.08）

1.工作室成员每学期撰写 1 篇优质论文（案例）。积极参加上级教育部门或教育类期刊组织的各类征文比赛，并努力获得优异成绩。

2.参与 1 项课题研究。根据本校学科情况，开展切实可行的课题研究。

3.出好 1 份试卷。能按照要求进行命题，质量较高。

4.承担 1 次校级专题讲座。

5.参加 1 次高规格的研训活动。

6.每月参加面对面集中活动至少 1 次。

7.上好 1 堂示范课。通过借鉴与模仿，尝试学习模仿名师的课堂教学，领会名师课堂的精髓，先入后出，逐步形成自己的教学风格，争取参加较高级别的课例展示比赛活动。

8.点评1节优课。写出较高质量评课内容。

9.每学期至少阅读2本教育专著。能撰写千字以上的阅读心得体会。

10.每学期科组开展各类专题的教学研究活动，分享心得，撰写体会（论文）。如开展中国革命传统题材的文章教学、古诗文如何教学等，研讨后，骨干教师能推出研讨课。

（三）自觉成长阶段（2022.09—2023.08）

1.科组全体教师教育教学水平有质的提升，教师真正激发出内驱力，积极主动寻求自我发展，形成一种师生的相互唤醒、相互教育和共同成长的紧密关系。

2.对工作室3年来的工作进行全面、系统的梳理，工作室成员积极完成教学成果的积累与整理，形成有价值的教科研成果资料汇编，一定数量的精品课例等整理成册，展示工作室成员的研究成果。

五、工作站成员及其分工

工作站根据各成员的特点、优势，对每位成员的工作进行分工。

人员组成	姓名	工作单位	具体工作
主持人	刘文东	佛山市狮山实验学校	定期到工作室指导成员围绕教研主题开展活动。积极为工作室成员提供研讨课例，推广先进经验和科研成果，传播新的教育理念。
成员	冯月连	广州市白云区竹料第三小学	对工作室成员进行指导、引领、培养并负责工作室日常性工作。制定计划、方案、工作实施措施；建立工作室工作制度；各部门之间的协调；督促检查各项工作的落实；组织资源建设，组织、管理、实施研修、总结、考核等。
成员	冯月明	广州市白云区竹料第三小学	负责活动的召集，会议、评课等记录，及时汇集、上交相关材料并提醒相关成员提交有关材料，供主持人归类存档。

人员组成	姓名	工作单位	具体工作
成员	萧志华	广州市白云区竹料第三小学	负责工作室各项工作、活动动态、成员先进事迹、研究成果等宣传、收集工作，负责工作室对外联络，丰富工作室生活。
成员	李玉倩	广州市白云区竹料第三小学	协助策划每学年工作室成果展示活动，负责"理论前沿信息"的搜寻，收集问题，确定、发布每月话题，并加以整理、总结。
成员	郭宇丹	广州市白云区竹料第三小学	协助策划每学年工作室成果展示活动，负责"理论前沿信息"的搜寻，收集问题，确定、发布每月话题，并加以整理、总结。
成员	冯要群	广州市白云区竹料第三小学	博客、QQ群的建立、管理，及时更新相关内容，帮助解答成员对博客、信息技术上的疑问，负责录课。

六、工作站的职责和任务

（一）名教师工作站主持人工作职责

1. 以 3 年为培养周期，指导工作站学科建设，至少培养 3—5 名学科骨干教师。

2. 在培养周期内，名教师工作站主持人每学年通过交流研讨、课题指导、教学磨课等方式组织骨干教师集中研修不少于 2 次（每次不少于 6 个学时）。

3. 在培养周期内，名教师工作站指导培养对象全员参加教育部组织的"一师一优课，一课一名师"活动；至少推出 1—2 名成员参加市级及以上学科教研活动。每位培养对象每学年向名教师工作站演示汇报课不少于 2 次，每学年必须到名教师工作站主持人所在学校跟岗，时间不少于 1 周（具体要求由名教师工作站主持人决定）。

（二）培养对象职责

1. 名教师工作站培养对象，在主持人的指导下，积极主动开展名教师工作站教研和学习，如每位成员每年开设校内的公开课、示范课或专题讲座不少于

2 次；每位成员每年至少阅读 4 本教育教学专著，并撰写 4 篇以上的读书笔记或反思体会，积极承担培养其他（工作室以外的）青年教师的任务，每学年至少指导 1 名青年教师等方面工作。

2. 名教师工作站培养对象在培养周期内，每年到主持人所在学校跟岗学习不少于 1 次。

3. 主动对接名教师工作站主持人，制定并落实专家进指导时间计划，开展相关活动。

七、指导方式

跟岗学习、现场诊断、课题研究、示范引领等。

八、名教师工作站主持人每年到竹料三小工作具体计划

（一）第一阶段

1. 制定竹料三小语文学科建设和名教师工作站三年规划。

2. 全盘解读教师现状，强化教研组长的领导力和执行力，逐步形成"积极进取、团结合作、勇于创新"的教师发展文化，确保名教师工作站发展思路的稳步推进。

3. 在听课评课中，使教师养成不断对自己或他人的教学行为进行评述、分析、判断、反思、探索、重建的习惯，经历并体验"在研究中实践，在实践中成长"的发展精神，争取 2—3 名教师进入第一梯队。

（二）第二阶段

1. 盘点阶段研究成果，积累各领域研究资料。

2. 在教研活动中，提升教师的基础性素养和专业性素养。打磨培养出一批学科的骨干力量来推动规划发展进程。

3. 整体设计研究序列、研究专题，呈现学科发展路径的丰富性，教研组工

作实现从"短期思考"到"长远规划"的转型。

4.实现精细化管理,形成科学的教学管理和评价制度,并内化为教师自觉的教学行为,全面促进教学质量的进一步提升。

5.在全校进行课堂教学普查,发现和解决教师在教学设计、课堂推进、学力培养中的问题,继续完善学生年段培养序列。

（三）第三阶段

1.全面总结梳理学科三年主动发展历程,提炼具有学校文化特质、研究品质的物化成果。

2.建构教师发展评价工具,在研究、实践、体验、成长中,建设一支由学术型干部、智慧型教师、研究型班主任组成的新型教师队伍。新增3—5名骨干教师,有1—2名教师能成为区内品牌教师。

3.在精品课研究和推选过程中,不断促进教师自觉践行与时俱进的教育教学理念。在打造常态精品中,对成熟课型进行系列化、精品化的梳理和提升,提高打造速度、质量和品质,形成具有影响力和领先性的精品案例,实践性资源积淀由"薄"到"厚"。

九、跟岗学习的安排（每学期1次,每学年共2次,每次2天）

时间	任务	成果	备注
协商	名教师工作站规划、打造骨干教师、培养青年教师、教研教学能力提升等。	形成跟岗小结,撰写心得体会。	博客、QQ群的建立、管理,及时更新相关内容,帮助解答成员对博客、信息技术上的疑问,负责录课。

十、工作站工作经费

按照《广东第二师范学院聘用名教师工作站主持人合作协议书》执行。

刘文东名教师工作站

2020 年 9 月

竹料第三小学数学名教师工作站三年工作规划

（2020年9月1日—2023年8月31日）

一、指导思想

以习近平新时代中国特色社会主义思想为指导，根据《中共中央、国务院关于全面深化新时代教师队伍建设改革的意见》和《广东第二师范学院与白云区钟落潭镇13所学校共进计划专家进校实施方案》精神，工作站以名师带动为原则，以学科为依托，以课堂教学改革为主要内容，以课题研究为主要方式，以中青年教师培养培训为重要任务，以提高教育教学质量为根本目的，通过开展多种行之有效的教育实践活动，形成具有一定规模的数学骨干教师后备力量。

二、数学科组现状分析

竹料第三小学现有数学专职教师11人，40岁以上的有5人，其中1人为退休返聘的老教师，其他6人都是新入职的老师，教龄不足两年。现在科组面临的问题主要有几个方面。

（一）教师方面

近几年，竹料第三小学新老更替较快，很多有经验、有能力的老教师都已退休。现在，数学科组新教师多于老教师，对教育教学缺少系统性。主要表现在：一是对教材不熟悉，教学设计不成熟。二是对课堂调控缺方法，语言单调或重复，对学生的鼓励手段单一或者不使用。三是书写不规范，板书凌乱。四是对学困生的辅导缺少好的方法。

（二）学生方面

学生来自寮采、米岗、雄伟三村，父母外出工作比较多，基本都是由祖辈带孩子，家庭教育很缺乏，不完成作业的学生比较多，导致数学成绩在钟落潭镇中处于中下水平。因此探索学困生转化的措施，提升辅差效果迫在眉睫。

（三）教学发展方面

根据《广州市白云区教育研究院小学部"数学提升工程"推进实施方案》的要求，阅读进课堂、游戏进课堂、录制微课、做美篇、数学文化节等对教师来说都是新的挑战，教师缺乏这些方面的经验，还需不断地进行学习，正处在不断摸索阶段。

三、发展目标

（一）总体目标

努力提高每一位教师的专业素养和教学能力，加强数学课堂教学的研究，打造有效的数学课堂，改善教师的教学行为，改变学生的数学学习方式，提高各年级数学教学质量；加强校本教学研究活动和课题研究，改进数学课堂教学，促进学生全面、持续、和谐发展，促进教师素质的进一步提高，进一步推进并深化课程与教育教学改革。

1. 加强教师管理，培塑一支优秀队伍。

2. 注重教学常规，规范教师教学行为。

3. 狠抓教学质量，探索培优补差之路。

（二）具体目标

1. 确立阶梯式分层，培养骨干教师队伍。确立教师培养的梯队，明确培养目标，有效进行日常校本研修。第一梯队教师从学校的骨干教师中选出，作为工作站建设初期成型性研究的领航教师，能依据"新基础教育"教学理念及学科教学指导纲要的精神，开展教学研讨与引领，能通过课堂实践进行反思重建，形成自己的教学特色与风格。第二梯队教师努力成为工作站建设的研究型教师，针对研讨的具体问题，对不足之处能作深层次的思考，提出建设性的改进措施，勇于超越自我。第三梯队教师努力成为日常教学反思型教师，能够上移植课，在模拟教学的过程中体会感悟反思优秀课例的内涵为我所用，提升自己对课堂理念实践的深层化感知力。

2.扎根课型研究，探索生命活力的智慧课堂。学科课堂教学通过对教材的创造性重组，使教学设计、教学内容、教学过程及师生、生生多向互动，厘清关系与内在逻辑，追求课堂教学的类结构，扎根课型研究，为教师的日常教研提供实践依据，成为科组教研发展的抓手，推动教研组专题研究日常化和系列化。结构化的课型研究可以促进教师课堂生活的改变，提升课堂的育人价值，探索具有"扎实、充实、丰实、平实、真实"的具有生命活力的智慧课堂。

3.改变价值观念，从以"事"和"物"为核心的价值观念，逐步转到以"人"和"生命成长"为核心的价值观念。开展相关的专题研讨活动，扎实推进日常课堂教学研究，逐步形成体现学生立场、重心下移、有效开放、资源生成与互动的新型课堂，让课堂散发人文的气息和生命的活力。3年中，努力形成以1名品牌教师和3—5名骨干教师为核心的具有发展自觉的德才兼备的教师队伍，逐步形成"自觉发展、吸纳共进"的教师文化和"包容智慧、因材施教"的教师形象。

4.改变思维方式，由"散点状态"和"表层状态"的思维方式，逐步转到"结构性思维""整体性思维""关系性思维"和"过程性思维"。推进课型研究，形成系列化的课型研究，提高教师的学科素养，厚实教师的文化底蕴，努力形成同伴互助、共生发展的教研氛围，从而带动培养主动思维、善于合作、敢于质疑、勇于实践，具有较高数学素养的教师群体。

5.激发教研组每个成员的激情、斗志和潜能，让每个老师以"开放、自信"的心态，"主动、自觉"实践新基础教育理念，扎实推进日常课堂教学研究，从而打造一支团结协作、个性鲜明、不断自我更新的研究型教师团队。

6.课程资源库建设。

（1）及时上传符合课标要求、反映课程特点的具有特色的教案，提供可操作的主要实践环节的方法和配套材料。

（2）不断充实学校数学资源库，及时收集整理各年级优秀教学案例、课后反思体会、优秀练习设计、命题试卷等，便于资源共享。

（3）建立拓展资源库。拓展教研组资源库的建设用于提升师生的数学素养，包括创新题库、数学故事、数学思想方法等资源。

四、工作站成员及其分工

为了促进工作站各项工作顺利开展，使工作站成员能茁壮快速成长，更好地发挥名教师工作站的示范、带头和辐射作用，根据各成员的特点、优势，对每位成员的工作进行分工。

人员组成	姓名	工作单位	具体工作
主持人	李海军	佛山市南海区狮山实验学校	定期到工作站指导成员围绕教研主题开展活动，为工作站成员提供优秀研讨课例，推广先进教育教学经验和科研成果，传播新的教育理念。
成员	冯焕芬	广州市白云区竹料第三小学	与主持人做好沟通，及时传达导师的工作指示。对工作站成员进行指导、引领和培养。负责工作站日常性工作；制定工作站的方案和计划；建立工作站工作制度；协调各成员的工作；督促检查各项工作的落实；组织资源建设，组织、管理、实施研修、总结、考核等。
成员	龙丽菊	广州市白云区竹料第三小学	负责活动的召集，会议、评课等记录，及时汇集、上交相关材料并提醒相关成员提交有关材料，供主持人归类存档。
成员	萧翠环	广州市白云区竹料第三小学	负责工作站各项工作、活动动态、成员先进事迹、研究成果等宣传、收集工作，负责工作站对外联络，丰富工作站生活。
成员	萧彩芬	广州市白云区竹料第三小学	协助策划每学年工作站成果展示活动；负责各资料的搜寻，确定、发布话题，并加以整理、总结。
成员	林旭纯	广州市白云区竹料第三小学	协助策划每学年工作站成果展示活动；负责各资料的搜寻，确定、发布话题，并加以整理、总结。
成员	林子婷	广州市白云区竹料第三小学	工作站微信群、QQ群的建立、管理，及时更新相关内容，帮助解答成员对博客、信息技术上的疑问，负责录课。

五、工作站的职责和任务

（一）名教师工作站主持人工作职责

1.以3年为培养周期，指导工作站学科建设，至少培养3—5名学科骨干教师。

2.在培养周期内，名教师工作站主持人每学年通过交流研讨、课题指导、教学磨课等方式组织骨干教师集中研修不少于2次（每次不少于6个学时）。

3.在培养周期内，名教师工作站指导培养对象全员参加教育部组织的"一师一优课，一课一名师"活动；至少推出1—2名成员参加市级及以上学科教研活动。每位培养对象每学年向名教师工作站演示汇报课不少于2次，每学年必须到名教师工作站主持人所在学校跟岗，时间不少于1周（具体要求由名教师工作站主持人决定）。

（二）培养对象职责

1.名教师工作站培养对象，在主持人的指导下，积极主动开展名教师工作室教研和学习。如每位成员每年开设校内的公开课、示范课或专题讲座不少于2次；每位成员每年阅读2本教育教学专著，并撰写2篇以上的读书笔记或反思体会，积极承担培养其他（名教师工作室以外的）青年教师的任务，每学年至少指导1名青年教师等方面工作。

2.名教师工作站培养对象在培养周期内，每年到主持人所在学校跟岗学习不少于1次。

3.主动对接名教师工作站主持人，制定并落实专家进校指导时间计划，开展相关活动。

六、指导方式

跟岗学习、现场诊断、课题研究、示范引领等。

七、阶段计划

（一）理论学习阶段（2020.09—2021.08）

1. 认真学习《"新基础教育"数学教学改革指导纲要》，进一步系统对"新基础教育"数学教学理论进行梳理与理解。

2. 关注佛山市南海区"新基础教育"研究节点研讨活动，争取参加现场的专家组听课、评课活动。

3. 发展骨干教师队伍，建立数学科组的三级梯队。

4. 提倡教师努力构建互动生成式的课堂，逐步改变传统的教学观念，课堂上把时间、空间、权利还给学生。

5. 教师初步具有学习、反思、重建的能力，形成"成事、成人"的意识。

6. 进一步反思和剖析本教研组的运作现状和学科教学现状，进一步认识教研组的功能定位，营造积极向上的研究文化氛围，进一步解读教师现状，从而调整数学科组名教师工作站工作计划，确立数学科组研究的课型以及备课组的研究专题。

（二）实践探索阶段（2021.09—2022.08）

有意识地进行课堂教学实践，尝试各种课型的课堂教学，将理论逐步内化为自己的教学行为。

1. 实现新基础教育理论的全面渗透，实现新基础教育理论的实践研究，学校数学教师全员参与。

2. 展开各类课型的研究，课堂教学中多种教学形式、多向互动、师生交互、动态生成的机制与有效性研究。充分开发教材的育人价值，课堂能呈现师生的互动，加强资源的生成、捕捉、重组等意识。骨干教师能推出精品课、示范课。

3. 以点带面，让骨干教师充分发挥辐射作用，带动其他梯队的老师一起成长，增加骨干教师的比例。各个梯队教师的理论水平和专业素养有明显提升，能在教学设计和课堂实施两个方面有突破，形成"团结协作、求实创新"的团队文化。

（三）自觉成长阶段（2022.09—2023.08）

1. 全面倡导"新基础教育"的文化，使全体教师能自然地选择"新基础教育"的工作方式，并使之常态化。

2. 在学校已有的优质教师队伍中再次激发教师自主发展的内在动力，造就一支各级骨干教师，第二梯队的教师进入第一梯队，能够把教育理念内化到日常教学中。

3. 梳理教研组三年主动发展历程，提炼归集课题研究的物化成果。重视对教师优秀科研成果的奖励和推广，深化研究专题，整理过程材料，巩固实验成果。

八、竹料第三小学数学名教师工作站三年规划工作计划

阶段	具体领域
第一阶段	1.规划先行：制定竹料三小数学学科建设和名教师工作站三年规划。 2.建构梯队：强化教研组长的领导力和执行力。全盘解读教师现状，形成梯队滚动发展格局，逐步形成"积极进取、团结合作、勇于创新"的教师发展文化，确保名教师工作站发展思路的稳步推进。 3.骨干培养：使教师在研究实践中养成不断对自己或他人的教学行为进行评述、分析、判断、反思、探索、重建的习惯，经历并体验"在研究中实践，在实践中成长"的发展精神，争取2—3名教师进入第一梯队。
第二阶段	1.积聚资源：盘点阶段研究成果，积累各领域研究资料。 2.形成序列：提升教师的基础性素养和专业性素养。培养出一批本学科的骨干力量来推动规划发展进程。第一梯队教师的理论水平和专业素养有明显提升，能与工作站成员一起，在课堂教学的设计与管理、班级建设的实践变革两大方面有所突破。第二梯队教师能不断在参与各项工作提升自己的专业素养，争取有20%的教师进入第一梯队发展。形成集"主动学习、实践反思、积极重建"于一体的教师团队文化。 3.长远规划：整体设计研究序列、研究专题，呈现学科发展路径的丰富性，教研组工作实现从"短期思考"到"长远规划"的转型。 4.过程管理：实现精细化管理，形成科学的教学管理和评价制度，并内化为教师自觉的教学行为，全面促进教学质量的进一步提升。 5.课堂普查：在全校进行课堂教学普查，发现和解决教师在教学设计、课堂推进、学力培养中的问题，继续完善学生年段培养序列。

阶段	具体领域
第三阶段	1.创生新质：全面总结梳理学科3年主动发展历程，提炼具有学校文化特质、研究品质的物化成果。 　2.自觉成长：建构教师发展评价工具，在研究、实践、体验、成长中，建设一支由学术型干部、智慧型教师、研究型班主任组成的新型教师队伍。新增3—5名骨干教师，有1—2名教师能成为区内品牌教师。 　3.精品课堂：在精品课研究和推选过程中，不断促进教师自觉践行"新基础教育"理念。在打造常态精品中，对成熟课型进行系列化、精品化的梳理和提升，提高打造速度、质量和品质，形成具有影响力和领先性的精品案例，实践性资源积淀由"薄"到"厚"。

李海军名教师工作站

2020 年 9 月

蟠龙小学语文名教师工作站三年工作规划
（2020年9月1日—2023年8月31日）

一、指导思想

坚持以习近平新时代中国特色社会主义思想为指导，贯彻落实全国教育大会精神和全国基础教育工作会议精神，落实立德树人根本任务，发展素质教育，深化课程改革，以现代教育思想理念为指导，制定符合本校的语文工作室实施方案。

二、工作室组成

蟠龙小学语文工作室由郭润霞担任主持人，胡仕云、施满、苏语婷、苏冰梅4名教师为成员。工作室与坑口小学杜婉华老师主持的名教师工作站对接，是一个集教研、科研和培训职能为一体的教师合作共同体。

三、工作室原则

1. 坚持以发展教师专业技能为目标。在名师的指导下，通过理论学习、专题讲座、课例观摩活动，在"自主学习、合作探究、深入研究"中，促进语文教师学科素养的提升，培养优秀的骨干教师。

2. 坚持教学课题研究。在教学过程中挖掘值得思考的地方，以课题研究为载体，进行探索与实践，提高成员的教学科研能力。

四、工作室具体目标

1. 跟岗学习：名教师工作站成员在每学期初，集中到坑口小学，两校成员见面对接工作，参观学习坑口小学校园文化，深入课堂听课学习，了解坑口小学圆通课堂"二元五次"教学模式，吸收好的教育教学理念，为我所用。

2. 汇报交流：每学期名教师工作站成员在坑口小学名教师工作站的指导下，诊断出语文教学中的困惑问题，以某一问题为突破口，并围绕着突破某一问题为目标，开展不少于 2 次的课堂教学研讨，诊断课堂，优化课堂教学，共同进步。

3. 完成一个有价值的课题研究。鼓励教师把教学中遇到的难题收集起来，提炼一个小课题，通过研究这些课题来尝试解决实际问题，提高自身的教学能力，并且定期举行研讨活动（初定课题研究内容是语文教学中如何有效渗透阅读教学方法）。

4. 工作室成员阅读学科相关著作，不断提高自身专业水平和文化素养，在教学过程中总结自己的经验，探索教学研究的新思路，每学年需撰写至少 1 篇有质量的论文，争取在报纸和期刊上发表。

5. 做好成果收集和经验总结工作。

郭润霞

2020 年 9 月 1 日—2023 年 8 月 31 日

蟠龙小学数学名教师工作室三年工作规划

（2021年3月）

一、指导思想

以习近平新时代中国特色社会主义思想为指引，遵循党的教育方针政策，坚持以人民为中心的指导思想，落实以德树人的根本任务，深入贯彻党的十九届四中、五中全会关于教育领域的新理念新要求新任务，构建学习共同体，注重提升骨干教师的教学水平，充分发挥骨干教师的示范、辐射和指导作用。

二、工作室组成及工作原则

1. 数学工作室主持人：叶赛珍；成员：林媛、许美钰、张碧玉。工作室与坑口小学一名数学名教师进行对接，成为教师成长、发展、进步的平台。

2. 工作室工作原则：通过理论学习、专家引领、考察观摩、交流探讨、课题研究、个人自学等多样的工作方式，运用"找准问题、开展研究、发表见解、提升素质、改进管理、形成思想"的发展思路，提高青年教师的专业技能水平，培养优秀的骨干教师。

3. 工作室坚持教学课题研究。对教学过程中遇到的疑难或困惑进行梳理、归纳、提炼，进而确定为研究课题，以课题研究为载体，进行探索与实践，提高成员的教学科研能力。

三、工作室工作目标

1. 名教师工作站成员在坑口小学名教师工作站的指导下，结合白云区数学提升工程，这3年的课程研究主要以数学游戏活动课为主，开展课堂教学研讨，诊断课堂，优化课堂教学，共同进步。

第一年：工作室申请、筹建、确定工作室成员、制订工作室计划、开展学员研讨和学习（包括集中学习和自主学习、线下学习和线上学习等）。

第二年：工作室各项活动认真组织、开展中期工作，对照前期存在的问题、改进培养措施，进一步开展跟岗培训、参观考察、课题研讨。

第三年：工作室总结，全面总结工作室和个人情况，形成成果，包括论文、课题结题报告等。

2. 名教师工作站成员每学期集中到坑口小学进行跟岗学习，参加坑口小学的校本课程，深入课堂，熟悉了解二元五次圆通课堂的模式，把好的方式、方法变为我所用的资源。

3. 名教师工作站成员在教学过程中总结自己的成功经验和典型个案，探索教学研究的新思路，每学年需撰写至少 1 篇有质量的论文。

叶赛珍

2021 年 3 月 22 日

竹料第四小学数学名教师工作站三年工作规划
（2020年9月1日—2023年8月31日）

为贯彻《中共中央、国务院关于全面深化新时代教师队伍建设改革的意见》《广东省委、广东省人民政府关于全面深化新时代教师队伍建设改革的实施意见》，切实做好数学科研主持人工作站工作，充分发挥主持人工作站的专业发展功能，培养出优秀的科研骨干教师，依据《广东第二师范学院与白云区钟落潭镇13所学校共进计划专家进校实施方案》和《广东第二师范学院聘用名校长工作站主持人合作协议书》，结合广州市白云区竹料第四小学的实际，制订如下数学名教师工作站学习研修工作计划。

一、培养目标

1. 培养至少 1 名区数学学科带头人。

2. 提升竹料四小数学教师的业务水平。深入了解数学科组的实际情况，帮助数学科组建立常规教研流程，提升团队磨课能力，提高课堂教学效率，从而提高数学成绩和学生学习数学的兴趣。

3. 确定数学科组的科研方向。通过调查、交流找到数学科组的科研研究专题，在区里立项相关的课题，找到科组的特色教学。

二、具体目标

（一）个人发展

指导青年教师撰写教学论文或教学设计获区级以上荣誉；完成 6 本以上的教学专著阅读；青年教师完成 1 节校级以上的优质公开课。

（二）教师发展

科组长的组织策划、专业指导能力要提高；数学教师的团队作战意识要增强；数学教学观念要更新，要向课堂 40 分钟要质量。

（三）学生发展

培养学生学习数学的兴趣，小组合作学习能力，提高学生的思维能力，期末检测数学成绩不断提高。

三、工作站组织结构和成员组成

1. 数学名教师工作站主持人：李伟如。

2. 数学名教师工作站培养对象：白云区竹料第四小学数学科组长、白云区竹料第四小学骨干青年教师。

3.数学名教师工作站成员：竹料四小和实验小学全体数学教师。

四、工作站的职责和任务

（一）名教师工作站主持人工作职责

1.以3年为培养周期，指导工作站的数学科组发展，至少培养1名区骨干数学教师。

2.在培养周期内，工作站主持人每学年组织不少于4次指导活动（每次不少于6个学时），指导培养对象开展科组教研、论文撰写、课题研究、科组特色打造等方面工作。

3.在培养周期内，名教师工作站积极指导培养对象开展教学研究，名教师工作站指导竹料第四小学立项1项区级课题，并形成1项以上富有特色的论文等教育研究成果。

（二）培养对象职责

1.工作站培养对象，在主持人的指导下，积极主动开展数学教学研究、团队合作、课程教学改革、特色打造等方面工作。

2.工作站培养对象在培养周期内，每年到主持人所在学校跟岗学习不少于1次。

3.主动对接工作站主持人，制定并落实专家进校指导时间计划，开展相关活动。

五、学习研修内容及形式

跟岗学习、现场诊断、课题研究、示范引领等。

（一）研修时间

学习研修时间为3年（2020年9月1日—2023年8月31日），实践指导72课时，岗位实践500课时，跟岗学习120课时，阅读300课时，参观考察

80课时，课题研究及撰写论文160课时，研讨活动48课时，合计1280课时。

（二）研修方式

理论与实践相结合；课例研究与理论提升相结合；个人专业发展与科组发展相结合；专业引领与自我反思相结合；同伴互助与自我研修相结合。

1. 制订学习研修规划。工作站主持人和培养对象都要制订学习研修计划，确定学习研修目标。

2. 问题诊断。工作站主持人和培养对象共同对本人所在学校进行调研和诊断，找出学校要解决的主要问题，形成调研诊断报告，制定学校改进方案。

3. 课题研究。根据诊断出来的问题，提炼出研究课题，数学科组确立一个研究课题，由培养对象担任课题主持人，并向上级相关部门申报课题立项，工作站主持人不定期到培养对象任职学校对其实践和研究进行现场诊断、指导和交流。

4. 同伴互助。组织培养对象相互到彼此任职学校进行学习交流，学习他人的先进理念和经验，达到共同进步、共同提高的目的。

六、主持人每年到竹料四小工作具体计划

（一）第一次到校

每年寒假前名教师工作站主持人到竹料四小对下年度计划进行商讨。指导学校列出指导的清单，做好全年的工作计划，并作上一年度工作人员总结、成果展示、经验分享，对工作突出的工作室及个人进行奖励，颁发证书。

（二）第二次到校

每学期期中时间，名教师工作站主持人到竹料四小进行全面调研，指导数学教研工作，提出可行性建议，对竹料四小数学科组找出存在的问题进行研讨，形成整改的清单。

（三）第三次到校

暑假放假期间：（1）听取竹料四小数学科组学期工作小结；（2）总结学期工作，并对第二学期工作进行布置。

（四）第四次到校

10—11月，到校进行数学业务指导，听取数学科组长情况汇报，问诊把脉。

七、跟岗学习的安排（每学期1次，每学年共2次，每次2天）

时间	地点	内容	负责
2021年1—3月	竹料四小	1.协调成立名教师工作站。 2.撰写并讨论数学科组工作计划，确定培养目标。 3.阅读数学教育专著。	李伟如、陈秋菊、张慧兰
2021年3—4月	竹料四小	1.数学科组问题诊断。 2.撰写改进计划，确定改进目标。 3.出台数学课堂教学改进方案，进行数学教研全员培训。 4.阅读数学教育专著。	李伟如、陈秋菊、张慧兰
2021年4—7月	竹料四小、东莞常平实验小学	1.到主持人所在学校跟岗学习。 2.进行数学课堂教学指导。 3.2021年1—6月工作总结。 4.阅读数学教育专著。	李伟如、陈秋菊、张慧兰
2021年8—10月	竹料四小、东莞常平实验小学	1.提升数学科组建设讨论。 2.讨论并修订数学教师培养计划。 3.阅读数学教育专著。	李伟如、陈秋菊、张慧兰
2021年11—12月	竹料四小	1.确定申报数学研究课题。 2.举行开题报告论证会。 3.阅读数学教育专著。	李伟如、陈秋菊、张慧兰
2022年1—3月	竹料四小	1.撰写工作小结，跟岗汇报。 2.课题研究开题。 3.撰写数学研究论文。 4.阅读数学教育专著。 5.召开数学教师座谈会，了解教师对数学课堂教学改革的意见和建议。 6.培养对象中期验收、评价。 7.专家反馈评价意见和建议。	李伟如、陈秋菊、张慧兰
2022年4—7月	竹料四小、东莞常平实验小学	1.继续全面开展数学课堂教学策略指导。 2.进行数学课堂教学的研讨活动。 3.开展数学示范课活动。 4.开展数学教学质量提升研讨会。 5.阅读数学教育专著。	李伟如、陈秋菊、张慧兰

续表

时间	地点	内容	负责
2022年8—9月	竹料四小、东莞常平实验小学	1.主持人进校诊断、指导。 2.撰写数学教学论文。 3.课题结题，成果展示、发表、推广。	李伟如、陈秋菊、张慧兰
2022年10—12月	竹料四小	1.培养对象到主持人所在学校跟岗。 2.继续全面开展数学课堂教学策略实验，并提炼阶段性成果。 3.进行数学课堂教学策略成果论证会。 4.召开学生及家长代表座谈会，了解学生及家长对数学教学的评价及建议。	李伟如、陈秋菊、张慧兰
2023年1—3月	竹料四小	1.召开数学教师座谈会，了解数学教师对一系列改革的看法和意见。 2.阅读数学教育专著。	李伟如、陈秋菊、张慧兰
2023年4—8月	竹料四小、东莞常平实验小学	1.培养对象到外校参观学习，并撰写学习心得体会。 2.举行数学质量提升研讨活动。 3.举行数学课堂教学大比武活动，检验教师成长成果。 4.数学课题结题报告会，课题成果展示、推广。	李伟如、陈秋菊、张慧兰
2023年9月—2024年1月	竹料四小	1.撰写培养总结报告。 2.培养对象成果报告会。 3.专家对培养对象成果鉴定，培养成果展示、推广会。 4.考核评价，材料汇总。 5.结业仪式。	李伟如、陈秋菊、张慧兰、广二师等专家

八、工作站工作经费

按照《广东第二师范学院聘用名校长工作站主持人合作协议书》执行。

李伟如名教师工作站

2021 年 1 月

第四章 "一校一案"项目总结

第一节 学校总结

广州市白云区竹料第四小学2022—2023学年"一校一案"学校办学水平提升情况总结报告

为贯彻《中共中央、国务院关于全面深化新时代教师队伍建设改革的意见》《广东省委、广东省人民政府关于全面深化新时代教师队伍建设改革的实施意见》，依据《广东第二师范学院与白云区钟落潭镇 13 所学校共进计划专家进校实施方案》，竹料四小与东莞常平实验小学签订了共进计划，现将 2022—2023 学年工作情况作以下总结。

一、在以校长为组长的共进计划实施领导小组的带领下，根据学校发展目标制订了切实可行的计划。

二、积极推进名校长工作站、名教师工作站、学科教师工作室的活动开展，与东莞常平实验小学积极开展交流活动。

（一）2022 年 12 月 13 日，东莞常平实验小学与竹料四小开展线上语文教研活动。主题为：立足单元整体，优化作业设计。

（二）2022 年 12 月 15 日，东莞常平实验小学与竹料四小开展线上语文教研活动。主题为：体验式教学，共建优质课。本次活动分课堂诊断、专业指导和交流学习三个环节。

1. 深入课堂精准把脉

首先，东莞常平实验小学安排了李傲迪老师执教五年级《可能性》课例，并组织了课后的研讨。常平实验小学老师结合课例进行了专题讲座。最后竹料四小张慧兰老师也对课例进行了精彩的点评和交流。

2. 专业指导促进提升

东莞常平实验小学帮扶团队几位名教师工作站主持人经常与竹料四小的语文、数学、英语科组长等骨干教师通过线上交流提升教学水平。

3. 交流学习，不断提升

竹料第四小学数学科组长张慧兰老师，结合上学期数学科组与东莞常平实验小学的结对帮扶指导内容，进行了2022学年第一学期的科组总结。

（三）2023年3月16、17日，广州市白云区竹料第四小学9名教师代表来学校开展交流研讨活动。

这次交流促进了两地学校共进共赢、协同发展，进一步加强校际教学管理的交流与合作，提高课堂教学的质量与创新，提升教师队伍的整体素质。有以下活动安排：1. 参观校园感文化。2. 理论课堂赏"和美"。3. 实践课堂品"尚美"。4. 欣赏旱木龙作品。5. 精彩课例展非遗。6. 互动交流共成长。

（四）2023年5月9日，东莞常平实验小学戴彦勋校长及其名校长工作站3位教师成员到竹料四小开展交流研讨活动。

（五）2023年5月18日，竹料四小迎来了东莞市常平实验小学到校进行协作帮扶，戴彦勋名校长工作站成员（戴彦勋、李伟如、周敏珠、欧阳珍）及骨干教师来到竹料四小，与学校语文、数学、英语教师进行同课异构教学，并举办讲座，参与活动的教师一起研讨教学，碰撞出了思维和灵感的火花。

三、重视政策学习，加强业务理论学习。

鼓励全体教师多学习、多反思、多交流、多总结。通过校本教研解决教学疑难困惑，课后反思进行经验交流，把学习、应用、反思、交流融为一体。认真学习"双减"政策，利用教研活动时间组织学习、教师自学、学校集中学习等形式，完善了教师自身的知识结构和理论素养，提高了研究和解决教学实际问题的能力，提升了教师作业设计能力。

　　四、实施精准培训，提升教学能力，实现课堂建模，管理立规。夯实校本培训，积极组织教师参加教研科研活动，实施"三师"引领计划，实现"一师一优课，一科一名师"，提升教师业务素质。

　　五、创新教研活动形式，开展教师岗位大练兵活动。落实"专业技能"练兵、"示范引领"练兵和"管理增效"练兵三个模块的内容。强化教研在教学质量工作中的引领作用，充分发挥了教研在教学质量提升中的重要作用。

　　六、抓好骨干培养和新教师培训。制定《广州市白云区竹料第四小学师徒结对计划》，发挥骨干教师的传、帮、带作用，开展师徒结对活动。竹料四小结对师徒共 7 对，制订好结对帮扶计划，写好结对总结，通过备课、批改、课堂教学等教育教学活动进行全面的帮扶，充分发挥优秀（骨干）教师的传、帮、带作用，促进学校教师快速、健康成长，打造教师交流平台，促进教师互相学习氛围形成，帮助其他教师提高业务能力，尽快胜任教学工作，实现学校教育教学工作的高效、持续、健康发展，实行新老教师互帮互学、互相帮扶的方法，确定了以熟带生、以优促新、互学共进的帮扶制度。加强了教师队伍的建设，发挥出优秀教师的示范带动和辐射作用。

　　七、健全教师培训制度，营造业务骨干和学科带头人成长的良好氛围。为教师提供发展的平台，促进教师专业能力提升。组织教师外出学习，邀请专家来校指导，鼓励教师撰写论文，为教师教育教学提供交流学习的平台，促进了教师专业能力的发展。

　　八、校本教研与课题实验相结合。竹料四小积极引领教师申报区级以上课题研究，增强教科研意识，实现科研促教、科研促教师专业发展的思想。

　　今后，竹料四小继续立足于"竹文化"，围绕学校"建造生命绿洲，引领健康成长"的办学理念，努力凸显学校"向上教育"的办学特色，形成具有紧密关联度的办学思想。立志把学校建成一处充满活力、春意盎然的绿洲，让师生在这里健康成长，为教师的成功提供帮助，为学生的成才奠定基础。依据学校"健康成长"的理念和办学目标，努力促使师生具有自信心、自觉性，通过教学相长，获取共同进步；使校园具有良好的育人氛围，师生意气风发、斗志昂扬；继续保持竹料四小优秀传统项目乒乓球、皮划艇的优势，以此作为提振师生文化自信和打造品牌学校的重要抓手，把学校打造成具有个性、充满活力、品质优秀、稳步发展，在农村地区享有声誉的优质学校。

竹料四小继续深入贯彻《关于进一步减轻义务教育阶段学生作业负担和校外培训负担的意见》和教育部"五项管理"等政策精神，进一步减轻义务教育阶段学生作业负担，提高教学质量。校本教研解决教学疑难困惑，课后反思进行经验交流，把学习、应用、反思、交流融为一体。认真学习"双减"政策，利用教研活动时间组织学习、教师自学、学校集中学习等形式，完善了教师自身的知识结构和理论素养，提高了研究和解决教学实际问题的能力，提升了教师作业设计能力。竹料四小严格按照《广州市义务课程计划》开齐、上足各类课程，并且注意落实好地方课程的开设与管理，加强校本课程的开发。同时加强音乐、美术等艺术教育和劳动教育，开设陶艺、剪纸、国画、书画、语言艺术、合唱、舞蹈等多个特色课程，开展小舞台展才华比赛活动：校园歌手比赛、六一文艺会演、文化节、体育节等。

竹料四小坚持着眼学生素质，通过课程的开发，抓好养成教育，着重培养学生学习的浓厚兴趣、有效方法和良好习惯，为每个学生的健康成长和终身幸福奠基，促进学生全面发展。

广州市白云区竹料第四小学

2023 年 6 月 20 日

2022学年良田一小"一校一案"工作总结

本学年是"一校一案"工作开展的第二个学年，良田一小与广州市协和小学结对帮扶，良田一小是受助学校。在工作中我们坚持求真务实、精心组织、有序实施结对帮扶工作。努力使良田一小在教学理念、教学方法方面缩短与城区学校差距。现对一学年来帮扶工作情况总结如下。

一、领导重视

城乡结对帮扶是统筹城乡教育协调发展、优化教师资源配置、解决农村师资力量薄弱问题的重大举措。学校领导十分重视结对帮扶工作，并把它作为向高质量学校学习的机会。每学期初，良田一小主动邀请协和小学行政团队到校调研，明确本学期工作方向。为确保帮扶工作顺利开展，良田一小专门成立结对共进工作领导小组和联络小组，建立双方学校的共进工作群。工作群由良田一小校长曹坤祥担任组长，主管教学工作的校长张丽娟为副组长，教导处主任陈焯明、副主任冯庆财以及各科科组长为成员，确保共进工作顺利开展。

二、活动开展

结对活动为良田一小教育教学带来了发展契机，在受帮扶过程中，我们虚心学习、努力提高。在工作中做到主动加强联系，建立稳定的互访机制，提高学校办学水平。

（一）名教师工作站

2022 年 10 月 8 日，协和小学校长孔祥明（现广州市教研院研究员）带领学校行政团队到良田一小开展新学期共进交流活动，活动围绕新课标学习、学校文化、教师队伍、校本课程建设深化及管理进行交流，并在活动中确定了名教师工作站在本学期的活动方案和本学期的教师跟岗方案。

2022 年 10 月 10—14 日，良田一小两名语文教师到协和小学进行为期 5 天跟岗学习。在跟岗过程中协和小学名教师工作站通过课堂展示、听课评课、科组建设、课题研究方面向良田一小两名教师展示了协和小学优秀的课堂技巧和系统的科组建设及课题研究方法，让良田一小的教师进一步学习了协和小学优质的教学教研方法，为良田一小相关学科活动的开展提供了优秀的借鉴经验。

2022 年 10 月 17—19 日，良田一小一名英语教师到协和小学进行为期 5 天跟岗学习。在跟岗过程中协和小学名教师工作站通过课例展示、听课评课、科组建设、作业设计方面向良田一小教师介绍了协和小学的优秀做法。

2023 年 3 月 7 日，良田一小行政与语文、数学、英语三科骨干教师到协和小学进行跟岗学习。广州协和小学校长孔祥明作了题为"聚焦新课标：课堂教学评价的新理念、新视角"的主题讲座，通过与会教师互动交流，明确了教学内容和教学活动素养要求，把立德树人落实到具体的教学活动中。在教学的过程中要注重"做中学"，引导学生参与学科探究活动，让学生经历发现问题、解决问题、构建知识、运用知识的过程，体会学科的思想方法，落实"教—学—评"的一致性，选择评价方式和手段。教师们在学习与交流中，对新课标的理解和把握有了更深层次的提升。活动第二阶段为语文、数学、英语三科师徒汇报课，协和小学教师和良田一小教师分别对同一课时进行同课异构教学（协和小学教师和良田一小教师同上一个主题教学单元），以师徒结对方式互相学习，通过师徒课堂展示、听课评课方式肯定方法、找出不足，完善教学方式方法。

一年来，两校学科工作站共开展了 6 节课例研讨，3 次专题讲座，语文、英语各一周跟岗活动。每次的"教学共进"活动，为教师们搭建了互相学习、互相交流的平台，达到了优势互补、共同提升的效果。

（二）对象培养

1. 校长专业能力

良田一小校长曹坤祥、副校长邝信元、副校长张丽娟是协和小学孔祥明名校长工作站成员。一年来，良田一小 3 位校长通过线下互访、线上专题讲座等形式向协和小学学习，孔祥明校长就学校管理、团队建设、课程教学改革、特色打造等方面向工作站成员介绍了协和小学的经验和做法。通过学习，校长们体会到了"学然后知不足"，要想成为一名优秀的管理者还有很多路要走。

2.学校教师专业成长

名教师工作站的成立为学校教师的专业成长提供了提升的平台。在名教师工作站的引领下激发了教师的专业成长潜能，在这一年多来学校一批教师迅速成长为学校、区级骨干教师。数学科教师张思吉、英语科教师陈雁秀、科学科教师苏宝铃参加广州市电视课堂录播；陈雁秀老师被评为白云区优秀少先队辅导员。音乐科教师陈梦婷成长为区音乐中心教研组成员，是区音乐科名教师工作站成员，由她指导的学生舞蹈，多次获区、镇奖项，并在中山纪念堂进行了汇报演出；语文科教师谢小娇、数学科教师朱倩茵参加广二师现场课例评比均获二等奖；语文科教师谢小娇、美术科教师王馨怡在"白云杯"教学能力大赛中进入了决赛。

三、资源共享，友谊永存

协和小学拥有丰富的教学资源和多个专家团队，协和小学多次为良田一小提供了网络平台教学资源。并对对接的科组进行互动交流、解疑释难，使得良田一小教师在教学理念、教学方法、教师心理等方面得到了发展与提高。

四、存在问题

当前良田一小与协和小学已建立良好互动关系，但两校之间的学习交流还不够充分，良田一小在学校顶层设计、行政管理、科组活动开展、教师教学技能、学生活动开展等方面还需向协和小学学习。

五、回顾与展望

结对帮扶是一项非常好的举措。通过结对帮扶，提高了良田一小的办学品位，提升了教师自身业务素质，为良田一小的进一步发展赢得了更广阔的空间。在结对帮扶工作中，对广二师和协和小学的领导和教师们的付出表示诚挚的感谢。在今后的工作中，我们将更积极、更虚心地借助广二师平台向协和小学学习，把他们的优秀办学方法与良田一小实际结合起来，为实现城乡基础教育均衡发展作出更大的努力。

广州市白云区良田第一小学

2023 年 6 月 30 日

携手同行，共建共进——蟠龙小学与坑口小学2022—2023学年教学共进工作总结

为进一步实施教育创新，驱动发展战略，促进"教学共进计划"有序开展，明确双方工作职责，本学年，荔湾区坑口小学、白云区蟠龙小学"教学共进计划"继续有条不紊地开展着各项工作，各项工作的开展均取得良好的效果。

在这一学年里，经过两校多次的合作交流、互助互动，双方就学校管理、教育教学、师资建设、教科研工作等方面进行了合作交流，可谓受益良多。无论是学校的教学管理思路上，还是在学校教育教学、校本教研方面都得到很大的提高，为蟠龙小学进一步整体提升义务教育教学质量，推动教育均衡发展、探寻特色发展提供了很大的帮助。现就这一学年的有关工作情况进行阶段性的总结如下。

一、主要工作措施

1. 积极参加区的工作布置会议。会议结束后，学校马上组织各部门相关成员认真学习领会上级主管部门的会议精神，以及帮扶工作的具体相关要求，确保帮扶工作的顺利进行。

2. 对帮扶工作，学校高度重视，专门成立结对帮扶工作领导小组和联络小

组，由学校校长萧国标担任组长，主管教学工作的副校长萧惠清为副组长，教导处成员以及各学科教研组长等为成员，确保帮扶工作畅顺进行。

3.经过多次交流沟通商议，制订具体、可行、有效的共进工作计划，强化了活动的有效性。同时，在活动过程中，萧国标校长主动与坑口小学李小田校长不断加强联系，逐步完善具体的共进事宜，丰富共进工作的内涵提升。在具体的操作中，委派蟠龙小学主管教学的副校长和坑口小学主任杜婉华加强密切联系，商讨有关共进的具体操作细则及操作要求。

二、合同履行情况

（一）开展名校长、名教师培训工作

为了进一步促进"五育"并举融合教育的推行，深入落实2022年版新课程标准，共同探究跨校、跨学科的线上教研实践，探究学科间的深度融合，2022年12月30日，广州市荔湾区坑口小学校长李小田主持并邀请广州市白云区蟠龙小学全体行政班子和11个学科科组长共同参与线上教研讲座——"圆满教育"理念下"五育"融合育人实践。

首先，广州市荔湾区坑口小学校长李小田就讲座主题"'圆满教育'理念下'五育'融合育人实践"发表讲话，李校长结合坑口小学实际案例从"五育"融合教育的背景及意义，教学实践及分析，实施要点和对"五育"融合教育的个人思考出发，分享了坑口小学"五育"教育的实践经验。

李小田校长深入学习《关于深化教育教学改革全面提高义务教育质量的意见》和《中国教育现代化2035》相关文件，注重"并举＋融合"相结合，提出"五育"融合则着重于实践方式或落实方式，致力于在贯通融合中实现"五育"并举。辩证说明"五育"并举是"五育"融合的前提与基础，"五育"融合是"五育"并举的策略与归宿。

接着，广州市白云区蟠龙小学校长萧国标发表讲话，提出蟠龙小学现行的教育改革与李小田校长践行的教育理念相一致，用多元开放式的教育教学实

践，合力为学生"五育"发展、综合发展奠基。

人的全面发展是德智体美劳自由和谐发展的综合体现。新时代人民教师应培养适应社会发展的人格健全的时代新人，培养肩负实现中国梦伟大事业的全程参与者和全力推动者。

此次线上教研讲座在教研实践方面和在跨校、跨学科的"五育"并举融合方面给教师们留下了许多新的思考，不断践行"五育"并举、多学科融合"五育"的理念。

2022年9月27日上午，蟠龙小学全体音乐教师与广州市荔湾区坑口小学进行了线上共进教研活动。本次活动主要以荔湾区坑口小学教师罗婧主讲的音乐阅读课《天鹅湖》为中心进行学习、讨论和探究。

罗婧老师的教学设计剧情改编很具新颖性，她结合音乐、舞蹈、美术、文学将教学分为剧本组、话本组、舞剧组，让学生以剧本改编、朗读、动作、舞蹈等活动去感知音乐。

和风送暖，岁月如歌。多元化课堂的构建十分契合"五育"并举、"双减"政策大教学背景下的实施，突出课程综合，通过审美感知、艺术表现、创意实践等手段实现。通过荔湾区坑口小学罗婧老师的授课共享，蟠龙小学的音乐老师们都受益匪浅，再次树立了正确的教学思想。学习了同行身上的亮点，更新自己的教学认知，再反哺回归自己的音乐课堂，夯实课堂基础，大家也将不断学习、不断探索，全力打造高效音乐课堂。

2023年3月28日上午，坑口小学校长李小田、主任杜婉华带领的共建团队来到蟠龙小学开展"二元五次"教学模式课例研讨展示活动。蟠龙小学、坑口小学共60多名教师参加了本次活动。首先，坑口小学主任杜婉华对本次活动流程进行了介绍。活动分三个部分：第一部分是课前会议，第二部分是课中观课，第三部分是课后会议。课后，坑口小学教师高倩怡和蟠龙小学课例展示执教教师邓艳嫦进行了详细交流指导。最后进行议课环节，听课教师根据本次听课感受表达了自己的意见。李小田校长就本次活动作总结发言。此次共进活动，为教师们搭建互相学习、互相交流平台，达到优势互补、共同提升教师素养的效果，真正达到"送教交流，互助成长"的目的。

2023年4月13日，坑口小学共建团队再次来到蟠龙小学指导英语科组举办"二元五次"教学模式课例研讨展示活动。宋欢老师执教了六年级下册课例《Unit 7 It's the polite thing to do》。坑口小学共建团对宋欢老师的这节英语公开课进行了点评，指出课堂中的成功之处和不足。刘小洁主任从教学设计、教学实施和教学评一体化三个方面对这节课给出了切实而中肯的评价，教学要整进整出，切忌碎片化。英语科组长何燕冰则是结合了单元整体设计，提出可结合六年级下册学过的内容对不文明行为给出建议：You should / You shouldn't... 杜婉华主任肯定和赞扬了姚倩华组长工作细致，策划和组织分工到位，并对英语科组的建设指明了一个方向：科组稳定发展要学术性，每一次的研讨主题要规范性，课后评价考量要有工具性。贯彻落实要做到"四性"，即常态性、研究性、稳定性、实践性。最后对英语科组寄予厚望，在今后的工作中，要发展校本研究，成为年轻教师成长的摇篮，要贯彻教育新理念，在今后的教学工作中能取得更大的成绩。

2023年4月20日上午，坑口小学共建团队来到了蟠龙小学指导数学科组举办"二元五次"教学模式课例研讨展示活动。蟠龙小学曹新辉老师执教课例《图形的运动》。坑口小学共建团队对这次课例展示及科组研讨方式表示充分的肯定，同时还进行了详细的点评。严秋霞老师评价这节研讨课教学目标清晰，操作活动让学生先想一想再动手，培养了空间想象力，精美的动态课件让学生更专注于课堂，对课堂观察量表也提出自己独特的见解。而江嘉明老师则提出科组教研要落实四个性：学术性、工具性、规范性、实践性。对本节课也进行了中肯的评价，对一些图形与几何的教学指明了方向。

坑口小学校长李小田在观察量表设计和课堂教学模式上也给予了宝贵的建议，在数学教学中用导、探、测、延的教学模式，教学过程中多培养学生的数学思维。希望教师能在新课程标准的指引下，教会学生用数学的眼光观察世界，用数学的语言表达世界，感受数学的美，体会数学的应用价值。最后蟠龙小学校长萧国标进行了总结发言，教学要从生活中来，再回归生活，知识结构要从易到难，循序渐进。课堂中需要更多地关注学生，一堂课要有30%的学生能得到教师的个性化评价和鼓励。

2023年4月12日下午，蟠龙小学数学科组老师受邀远程参与了坑口小学"基于学校圆满教育理念下的教师课堂观察能力提升研讨会——坑口小学数学科常态课例校本行动研究"的教研活动，观摩了吴凤珩老师执教的五年级课例《异分母分数加减法》。

2023年6月20日下午，坑口小学举行科学与作文融合课例研讨活动，蟠龙小学语文和科学老师受邀远程参与了研讨活动。

（二）学科工作站建设情况

一年来，学科工作站开展了多次活动，有效地提高了学科工作的时效性，真正达到了"共进"的效果。一年来，两校共同开展了9节课例研讨。每一次的研讨，大家都收获满满，都认识到要上好一堂课不容易，需要老师倾心去钻研教材、吃透教材，这样上课才能做到心中有数，上课才能更加自如，学生才能从每一节课中学到知识点。"教学共进"活动，为教师搭建了互相学习、互相交流的平台，达到了优势互补、共同提升的效果，为今后教育教学引领了更明确的方向。

三、主要的具体工作记事

（一）关于学校管理方面

1. 主动加强与共建学校的沟通交流，多次召开中层以上干部会议，针对蟠龙小学存在的薄弱环节，制订工作计划，确定帮扶目标、内容、方式和步骤，落实帮扶工作的有关措施和责任制度。

2. 开展了实地调研，李小田校长先后带领共建团队及骨干老师到蟠龙小学进行实地帮扶共建，参加各学科教研活动，了解各方面的工作。有针对性地给蟠龙小学教育教学工作，给予指导性意见。

（二）关于教育教学共建

共建团队为学校带来了优秀示范课例，为语、数、英学科教师分享了先进的教学理念、为班级传授了先进管理经验，在共建团队老师的指导下，科组活动更有成效。

在这一年多的共建帮扶过程中，坑口小学先进的办学思想和管理理念，以及高效的教学质量深深触动了我们，值得我们虚心学习和借鉴，学习李小田校长对学校长期发展的高瞻远瞩，对教育管理的睿智调控，学习坑口小学教师对待教育的执着和追求以及对待学生的强烈责任心。经过一年多的师生不懈努力，学校也取得了较大的变化和成绩。

四、存在问题

1. 由于双方的校情不同、理念不同，在教育教学管理目标、思路和方法等方面还需要有一定的磨合期。

2. 各学校编制紧张，师资不足，心有余而力不足。

3. 帮扶活动在广度、深度和活动形式的创新上还有待提高。

4. 近几年受疫情影响，原定的两校共进计划有时需线上进行，使两校交流方面受到制约。

五、发展方向

1. 扩大师生的交流面，让共进活动深入人心。

2. 推进教学研究进程，促进共进活动朝纵深发展。

3. 创新共进活动形式，促进两校教师专业发展。

龙岗学校2022学年"一校一案"工作总结

根据广东第二师范学院关于开展"一校一案"项目的指示精神和具体的工作部署要求，龙岗学校全面启动并积极推进"一校一案"项目建设。一年来，学校围绕"一校一案"目标，在党建与思想政治工作、教师成长、课程与教学建设、学生发展目标、校园建设目标和家校合作等方面进行工作推进，现将工作总结如下。

一、不断更新教学观念，着力提高教师素质

满堂灌、填鸭式、题海战术、课内不达标课外抢时间的教学在部分教师的头脑中根深蒂固，与"双减"背景下的素质教育相悖，严重阻碍了教育教学质量的提高。

围绕摆脱传统教学模式的羁绊，让教师确立教改意识，树立新的教学理念，我们开展了一系列的活动。

定期组织教师学习，邀请区内其他学校的名师到校介绍课堂教学改革经验，不断拓宽教师的眼界，开阔创新的视野，了解教学的新动态、新信息，激发教师自我鞭策，自觉教改的内驱力。

教师普遍感到，要提高教学质量，在观念上必须树立"以生为本""以学为主"的教育教学理念，着眼于学生"学会生活、学会学习、学会做人、学会合作"的教学思想；在实践上，必须以素质教育的主阵地——课堂教学为突破口，彻底打破课堂教学的沉闷气氛，彻底改变一言堂、满堂灌、满堂练、满堂问的状况。只有把课堂还给学生才能展现学习环境的"原生态"，才能追求课堂教学的"高效益"。

二、解除教师思想束缚，为课堂教学改革搭建绿色平台

教师的思想能否得到真正的转变直接关乎课堂教学改革的成败。对于教师们来说，大力推行课堂教学改革，会不会影响学校的教育教学质量，这是长期以来令各基层学校普遍担忧的问题。对此，我们坚持认为，强力推进课堂教学改革是大面积提高教育教学质量，保证广饶教育持续快速健康发展的根本出路。

　　本学期,"一校一案"专家文学荣校长两次来到学校,与校级领导深入交流,其相关团队人员更是多次来听课"把脉",提出不少意见建议,让我们深刻认识到改革课堂教学的重要性,从被动听从走向主动改革,自觉地投身到课堂教学改革中去。

三、教师岗位大练兵

　　积极推行教师"教学目标责任制",激发教师队伍内在动力。根据上一学期的教学成绩,为每个教师制定教学质量目标。通过对教师教学质量目标完成情况的严格考核,学校形成教师积极向上、你追我赶、比干劲、比成绩的良好竞争局面。

　　学校各学科推进"青蓝工程"——师徒结对活动。为促进学校青年教师的全面发展,加大学校培养骨干教师的力度,发挥骨干教师的示范和引领作用,提高学校师资的整体水平,2022学年龙岗学校继续采取骨干教师与青年教师师徒结对的形式,落实"青蓝工程"。

　　教师岗位大练兵。以教导处为核心落实学校各项练兵活动,以教研组为单位落实各项练兵活动的常态训练工作,以领导小组为核心落实练兵考核制。小学部结合实际组织教师开展基本功训练(粉笔字板书设计比赛)、公开课展示、微课制作等活动,小学部教师参与率100%,帮助教师提高教学基本技能,熟悉教学基本规范。在广东第二师范学院实验教育集团的小学青年教师课堂教学基本功比赛中,龙岗学校教师王滢荣获一等奖,刘少欢荣获二等奖。据不完全统计,教师在市级获奖2人次,区级获奖21人次,镇级获奖38人次。

四、开展"五育并举",培养"十星"学生

　　期末学校对学生进行"十星"学生评比,对学习之星、进步之星、文明之星、创新之星、体育之星、艺术之星、劳动之星等进行分类表彰。

五、在推进素质教育方面，成效显著

1. 加强学生思政第一课建议。开展党史教育，开展"强国有我"主题教育，使学生热爱国家；参观德育基地，开展好家风教育，使学生深受教育。

2. 以"一校一案"工作为依托，开展特色课程，取得良好效果。

学校以学生终生发展为办学理念，重视学生素质的提高，以"一校一案"工作为依托，根据各年级特点开设特色课程教育，爱心义卖和文艺汇演的成功举办，让学生成为舞台的主人，切实深入推进素质教育，促进学生全面发展，为学生终身发展打下基础。2022年学生在各级各类比赛中，斩获颇丰。在2023年区男子初中篮球比赛中，中学组获区第五名的好成绩。在镇小学大课间评比中，获镇一等奖。

"一校一案"项目建设的全面推进，不仅极大丰富了学校的文化内涵，活跃了学校的文化气氛，充实了全体师生的精神生活；而且还与学校的教育教学及科研工作相互促进，有利地助推了学校的常规工作。今后，学校全体教师将再接再厉，期望在广二师专家引领下，通过名校长工作站、名教师工作站等手段，将"一校一案"工作做得更加扎实有效。

广州市白云区龙岗学校

2023年7月1日

广州市白云区竹料第一中学"一校一案"学校办学水平提升工作总结

学校重点就如何立足学校实际与地域文化特色，做好学校发展整体设计、课题开展等积极开展各项工作。积极与广州市天河区教师发展中心主任崔海友及专家团队进行沟通，有效落实学校自主发展的"一校一案"和"学校共进"各项工作，现将提升工作总结如下。

一、加强理论思想学习，明确工作方向

　　以党的二十大精神为统领，以习近平新时代中国特色社会主义思想为指导，以党的教育方针为行动指南，以落实好立德树人为根本任务，分别组织开展了党史教育、党史学习、学习延安精神、红色教育进校园等活动，进一步丰富了师生的精神世界。同时以建立学习共同体为目标，以校长的办学实践为主线，充分发挥名校长工作站和名教师工作站的作用，以校长、教师的自主研修为基础，以学校发展诊断为切入口，努力提升校长办学的综合能力和教师的综合素养，推进学校的文化建设和特色发展建设进程。

二、发挥工作站、平台的引领示范作用，提升教师综合素质

　　借助名校长工作站和名教师工作站的核心平台，提高校长的组织领导能力和教师教育教学能力，全力打造学习型、研究型工作团队，共同探讨研究学校管理与发展方面的实际问题，寻求最佳的解决方案，提高学校领导干部和教师的综合素质。以"通情达理、通慧达志"为校训，以教育科研为先导，以素质教育为根本，以课改为抓手，以培养创新精神和实践能力为核心，以现代的教育思想、教育理念、课程体系、教学策略和先进的教学设备为办学的有力保障，实现具有"通达"文化特色学园，并得到上级认可，社会肯定、家长满意。

三、落实制订个人计划，细化规划工作

　　结合名校长工作站和名教师工作站的工作目标和任务，根据个人的实际情况，结合工作站规划方案和学期工作计划，科学地制订校长及教师个人的学期研修计划。在师德修养、工作作风、学校管理艺术等方面提升理念，改革创新，积极开展课题研究、教育理论学习、落实"双减"各项工作、课堂教学改

革、有效作业设计与减负提质增效等各项工作，提升综合能力。

四、策划专题研讨、指导，探索工作实效

结合名校长工作站和名教师工作站成员的实际和需求，开展主题研讨活动。专家团队崔海友主任等带着专题深入到学校全方位展开诊断式服务，积极探索符合学校发展的新思路和新途径。如为充分发挥名师的示范引领作用，构建教师发展平台，为乡村学校提供教学示范和专业支持，促进乡村教师的专业成长，实现城乡教育资源互补，在白云区教育研究院教研员叶月玲的组织带领下，以广州市刘婉娴名教师工作室教研团队为核心，在竹料一中开展了"乡村振兴送教到校"教研活动（钟落潭镇专场），八年级上第三单元"单元整体教学研究"（写作教学）。通过这次同课异构的研讨活动，可以引发参与者智慧的碰撞，可以长善救失、取长补短，明显提高教育教学效果，也为教师提供了一个面对面交流互动的平台。在这个平台中，教师们共同探讨教学中的热点、难点问题，探讨教学的艺术，交流彼此的经验，共享成功的喜悦。今后，让我们继续聚焦课堂，加强课题研究，提升教学能力，在日常教学中不断深入研讨，积累教学经验，形成自己的风格，创出自己的教学特色，教育手牵手，研讨育桃李，相互促进共成长。

同时积极结合专家团队精心指导基础年级学科作业设计和毕业班的复习备考工作，效果显著：竹料一中初三毕业班获白云区三等奖。

第二节 教师心得

专家引领努力前行

——竹料一中英语工作室心得体会

广州市白云区竹料第一中学 萧小冬

在科技日新月异的今天，教育也迎来了更大的挑战。为提高钟落潭镇薄弱

学校的教学成绩，白云区教育局委托广东第二师范学院承担这一工作，乘着这股春风，我们竭尽全力，千方百计地激发学生学习英语的兴趣，提高英语教学的成绩。本年度参加了工作室，受益匪浅。

　　根据林映映名教师工作站的工作计划，竹料一中英语工作室制订了"共进计划"。

一、指导思想

　　落实立德树人根本任务，发展素质教育，深化课程改革，构建具有广州特色和体现时代精神的符合本校实际的工作计划。

二、主要成员

　　广东第二师范学院培训与社会服务处专家林映映老师担任工作站主持人，本人为竹料第一中学英语工作室的主持人，竹料一中英语工作室的主要成员有：刘松林、李燕红、冯月芬、冯桂欢、萧云娣、萧丽平共 6 位教师。

三、本学期开展的主要工作

　　1. 2021 年 3 月 26 日，名教师工作站主持人林映映老师进行本学期第一次进校指导，重点在于形成工作站三年工作计划和工作要求。

　　2. 2021 年 3 月 26 日，工作主题：初三复习备考研讨，课例：竹料三中谭晓琴老师公开课：《9BUnit4 Technology changes our life》的写作课。

　　（1）亮点：谭晓琴老师先是以精美的图片导入话题，激发学生对话题的兴趣以及思考。接着学生对阅读材料进行分析，小组讨论，对 "Technology changes our life" 这一主题各抒己见，并共同协作完成材料后面提出的任务。通过完成任务过渡到写作。学生在写的过程中充分运用材料的句型、短语，使文章更流畅，文笔更精彩。

（2）工作室成员的评价：各位老师各抒己见，共同研讨。

（3）林映映老师的评价：林映映老师对谭晓琴老师的课给予了充分的肯定，同时也提出了中肯的建议：

①备课时要先确立教学目标并体现在教学设计中。

②引导学生阅读文本的题材，从而确定文本的时态，结构，应该使用的语言。写作课要做好大量的铺垫，即知识的输入。

③要善于运用阅读材料并最大化地利用。

④阅读材料宜精不宜多，深度分析好一篇材料，可以让学生有更多的时间进行写作。

3. 2021年5月21日，工作主题：语法课研讨，课例：竹料一中萧云娣老师公开课：《8BUnit6 Grammar》。

（1）亮点：①以图片导入，且图片多以学生平时的学习和生活为主，使学生产生一种亲切感。②对所要教授的内容进行了由浅入深、从简单到复杂的讲解。学案的练习难度呈梯度性：有适合基础较差的学生的机械式的记忆内容；有适合基础中等的学生的题目；有适合基础较好的学生的题目，如综合性较强的"写作题"。分层教学，使不同层次的学生可以学有所得。③师生关系融洽，学生配合，能完成预定的目标。④学生参与度高，提问形式多样，有单个提问，有整体回答，有小组讨论，等等。⑤能够整合各方面的教学材料，如"电视教学""一起中学"等的听力和练习的内容，拓展学生的视野。

（2）林映映老师的评价：

①备课时要先明确本节课的教学目标并体现在整个教学设计中。而且教学目标必须适合自己学生的实际，同时，目标的制定要精细，易于操作。

②这节课的输入量很大，如各种活动的图片，但没有使图片的作用发挥到最大化，我们可以提供关键词等脚手架，引导学生每幅图说一句话，训练学生说的能力，夯实学生的基础。

③能否增加"实践运用"和"迁移创新"的练习。

④能否详细分析一个班中学习能力强的学生的情况，然后把提高这部分学生的能力作为教学的目标。

四、收获和努力方向

在专家林映映老师的指导下，我们工作室的所有成员都收获满满。主要体现在以下几个方面：

1. 工作室成员们在学习和研讨的过程中碰撞出不少创新的火花，在专业知识方面得到了一定的提升。

2. 在专家的引领下，通过课例学习和研讨，不断更新观念，改进和完善教学方法，每次活动后都写一份心得体会，并在日常教学中学以致用，提高教学质量。

3. 鼓励工作室成员之间多进行"推门听课"的活动，互相学习，互相促进，共同提高。

4. 鼓励工作室成员积极撰写教学课例、教学设计和教学论文等，以科研促进教学的发展，千方百计提高教学质量，争取更大的进步。

5. 利用课余的时间阅读专业的书籍，提高专业的素养，从而提高整体的教学成绩。

相信在专家的引领下，不断学习，一定会使我们的英语教学工作迎来更大的飞跃。

跟岗学习促成长　蓄力扬帆再起航
广州市白云区竹料第一小学　曹慕坚

2021年5月11日，竹料一小、二小4位校长到广园小学跟岗学习，当天恰逢"广园小学迎接片区大练兵、三大工程及课堂教学工作检查"，令我们更全面、深入地学习广园小学在教师大练兵、三大工程及课堂教学工作管理方面的先进经验。跟岗时间虽短，却感受收获颇丰。

一、所见

1. 办学方向明确，办学理念得到全体师生、家长的认同，办学效果显著

学校坚持正确的办学方向，全面贯彻立德树人的教育方针，植根学校历史文化，将寓意志向远大、意志坚强的"利箭文化"确立为学校的核心文化，以"传承利箭文化，培育阳光少年"为学校的办学理念，努力培养"志向远大、意志坚强"的新时代阳光少年。校训：做更好的自己；校风：志满广园，朝气蓬勃；教风：厚德、博学、善教、励行；学风：善思、乐学、求真、敏行。办学理念得到全体师生、家长的认同，成为大家共同追求的价值目标，办学质量令人瞩目。

2. 校长睿智、有魄力、勤实践

广园小学校长陈丹琳是白云区首位小学正高级教师，她是一位非常有魄力的校长，陈丹琳校长在工作中总是迎难而上、勇于探索、真抓实干，结合本校实际，找出问题所在，研究对策方法，制定措施策略，严格落实奖惩。她深入教学一线，了解师生所需，了解问题症结，和中层领导一起共商策略，加强中层领导培养，且自己长于反思，加强修养，在校师生人人敬仰。陈丹琳校长不仅在学校发光发热，作为名校长，她无私地将教育教学的管理经验向其工作室成员及跟岗学员倾囊相授，充分起到了示范辐射作用。

3. 拥有和谐的班子、科学的决策、务实的作风

广园小学领导班子是一个团结协作、务实创新的集体。陈丹琳校长平易近人、朴实和蔼，让我们完全没有学习的压力。她以独有的谦逊、睿智的人格魅力，影响着班子中的每一个人。在她的带领下，班子人员各司其职，层层负责，分工明确，合作协调。各分管工作的领导，在接受工作任务时，只求把工作做好，没有任何的理由和困难。布置安排工作，着眼于细，重在于效，要求严、标准高，因此学校虽然承办大型活动多、指导跟岗学习任务重，但学校教

育教学开展依然井然有序，高效完成。

4.以"强师""固本""创优"为发展途径，努力探索"利箭教育"品牌发展路径

将"教师岗位大练兵""三大工程""课堂教学评价"等有效融入"强师""固本""创优"三大发展途径中，使这些工作有方向、有目标、有监管、有反馈、有效果，教师专业能力、教育教学水平不断提升，学校教育教学工作高质量发展，学校彰显新时代教育活力。

（1）强师

当陈丹琳校长在汇报时介绍广园小学教师队伍建设时，我不禁发出"先有名师，才有名校"的感叹，名校之所以为名校，其中很重要的一条就是名师云集，名师是一所学校发展的支撑，广园小学深刻领会其中道理，在教师队伍的建设中不遗余力，措施有力。从教师的师德师风和专业素养两个方面同时抓管，用他们的话来说就是"双管齐下"。在师德师风方面能抓住"党建""校风"建设两个关键点，在专业素养方面能抓住"名教师工作站引领、带动""师徒结对帮扶""教研、科研提质"等关键点，不断锤炼教师队伍，使教师的综合素养日益提升，既敬业又专业。

（2）固本

在常规工作中能做好以下 10 项工作，严守规范，固本强基：

①开足开齐开好课程；

②保证多样性大课间活动；

③落实减负［作业研究、作业设计（分层有效）、作业检查、反馈］；

④行政科室巡视（早读、课堂）；

⑤行政人员"推门听课"；

⑥学期教学质量、单元检测质量分析；

⑦学困生辅导；

⑧教研集备（线上、线下相结合）；

⑨查缺补漏；

⑩学风建设（学风模范班、学风进步班、学习模范生、学习进步生）。

（3）创优

①着力打造书香校园，以阅读促师生成长；

②结合教师大练兵，积极构建基于阅读的课堂教学，建设以阅读为核心的生态课堂；

③积极推进健康工程，让健康成为一种时尚。

二、所思

1.办学理念

办学理念是学校办学的总体指导思想，是全体成员的教育观念和教育价值追求组合而成的复合体，它具有导向性、明晰性、独特性等特征，是学校发展的核心。

办学理念的形成要着眼学校的特色及发展，依据学校地域文化、学校历史文化等因素综合考虑而形成，形成后要通过各种形式让师生、员工、家长共同认知、理解和认同，最后形成行动自觉。同时，办学理念实施的途径应与每学期的工作计划有机结合，才能使办学理念的实施及学校的发展扎实、有效。

2.教师队伍全锻造

一位好校长成就一所好学校，一个名师林立的教师队伍能成就一所名校。我们要努力向陈丹琳校长学习，不断学习治校方略，重视师资队伍建设，着力打造一支名师队伍，走"特色＋名师"的可持续发展之路，才可能成长为名校。

3.管理制度创优

管理是学校办学理念实施与发展强而有力的保障。广园小学制度完善，落实到位，因而成为白云区龙头学校。反思竹料一小在民主管理与教师培训方面的制度不够完善，在以后工作中，将努力做到"以制度治校，以规范育人"。

三、所行

经过导师们一个学年的精心指导,竹料一小有了一定的进步。

1.学校原办学理念体系仅依据学校地域文化,没有结合学校历史文化因素进行综合考虑,流传百年的"至诚不息"的社学精神在学校办学理念中没有体现。因此,经反复斟酌在原有办学理念体系中增加一项德育理念:谦雅担当、至诚不息,将以"竹韵教育"与200年历史的社学精神"至诚不息"融合在一起,更能引起师生、家长、社会的共鸣。

2.积极开展"阅读、数学、健康"三大工程和教师大练兵活动,学校分别开展了教师读书沙龙、学校读书节、两届数学文化节、秋季田径运动会和春季校际跳绳挑战赛,还有"竹韵杯"教师评优课比赛。

3.以科研促教研。发动教师以"问题驱动,课题带动",先从校级小课题研究出发,积累经验,再不断地申报上一级课题,以课题研究,推广研究成果,促进学校教育教学质量的提升。

四、所得

自从参加广二师"一校一案"乡村振兴提升工程以来,竹料一小被评为白云区中小学家庭教育示范学校、区中小学书香校园示范学校、区特色品牌培育学校、两个中队获区中小学魅力中队、区"中国梦家风美"优秀组织单位、"你好,2020"南方报业小记者创作大赛优秀校园组织奖、区第六届"兰蝶杯"青少年体育舞蹈锦标赛活动体育舞蹈支持奖、镇优秀家委会、镇中小学衔接工作先进单位。特色项目跳绳参加广州市"七星杯"比赛荣获甲组团体二等奖、乙组团体二等奖、表演赛一等奖;2020年省青少年环保创意大赛荣获优秀组织单位奖;特色大课间体育活动评比获得区二等奖、镇一等奖;舞蹈队在区美育节上荣获一等奖、二等奖等。

最后,衷心感谢教育局组织的广二师"一校一案"乡村振兴提升工程以及广园小学各工作室主持人的精心指导,助力竹料一小节节攀升!花香浸心田,更需去实践。愿教育规律和本真的追寻能成为每一个教育人的前进目标和动力,期待教育的明天,百花齐放,花满园!

把握机遇 锻炼成长
——竹料二小语文科跟岗学习工作总结
广州市白云区竹料第二小学 冯丽冰

开学初,广园小学陈丹琳校长和胡华老师到竹三校区给我们开会后,听取她们的意见,建立了语文科工作室。工作室成员共有 8 位,其中 5 位教师参加工作不满 4 年,以青年教师为主,充满活力和希望。现将工作总结如下。

一、制定方案

制订工作室三年工作计划,并在工作群公布,工作室每个成员都明白这三年的工作要求和任务。

二、跟岗学习

3 月,连续三个星期的星期二去胡华名教师工作站跟岗学习,分别去了江村小学、张村小学、广园小学 3 所学校听课,并派代表现场评课,没在现场评课的就在工作室的工作群里点评,以评促教。这次的跟岗学习,大家都很有收获,特别是青年教师更是受益匪浅。下面是其中几个青年教师跟岗的收获分享:

彭璐(工作第四年):这个学期的跟岗学习于我来说是一次提升之旅,整个过程收获满满，特别是对课外阅读指导教学有了新的认识。很幸运地能在学习之后有运用实践的机会，在不断试教、修改的过程中，虽然很忙很累，甚至一度脑海中冒出"就这样吧"的念头，但在小伙伴们的鼓励下还是坚持了下来。这个过程对我来说是一次修炼，现在回过头来看看，那些当时看起来解决不了的困难，都是现在的宝贵财富。

钟琦璇（工作第二年）：一系列的跟岗学习活动，本学期收获良多。其中印象较为深刻的是个人较少接触的课型"课外阅读指导"。通过这学期的跟岗学习，在教学中，明白了我们对自己要有高要求，要有扎实的专业知识。课前根据教参抓好重难点与突破点，课堂提问设计必须明确。课中塑造精彩生动的课堂，首先要以自然的教态与有效利用文本引起学生的兴趣与对阅读的期待向往；其次根据学生的表现做积极的反馈，做到有效的课堂评价等。在评课等技能方面，努力做到以理论为基础，展开到课堂中的具体情景分析，使得点评更丰富。教学风格从不千篇一律，真正的教学源自文本与实际相结合的课堂，重在应用。

卢颖珊（工作第一年）：这个学期的跟岗学习我观摩了很多精彩的课堂，授课教师的人格魅力和学识魅力都感染了我。其中一系列关于课外阅读教学的示范课和讲座，都加深了我对课外阅读教学的认识。当"一校一案"工作室的成员群策群力把生动有趣的导读课在校内付诸实践，我才深刻感受到理论转化为实践的过程中存在着许多学问。在今后的学习中，我要继续充实自我，努力提升自己的学术水平和教学水平。

张洁梅（工作第一年）：这学期，借跟岗学习和新教师培训的契机，我获得了许多外出听课的机会。其间，我观看了许多优秀课例，也聆听了众多前辈的教育故事。他们甘为孺子牛、扎根教育的热忱，让我这个新人备受鼓舞。我期待能跟随这些优秀教师的步伐，书写属于自己的人生篇章。

三、经验交流

4月竹料二小的彭璐老师上了一节五年级的课外阅读研讨课，胡华老师听了后给予了高度的评价，得到听课老师的一致肯定。竹料二小三到六年级教师都听了这节课，听了之后都说："原来课外阅读是这样上的！"大家都茅塞顿开，从更新的角度了解了课外阅读的教学方法。竹料二小的一位英语老师，负责带五（2）班的学生进入多媒体教室上课，彭璐老师上完课后再带学生离开。我有幸坐在后面旁听了这节课，第二天在办公室对彭璐老师说："我不会上语文课，但我听了你这节课外阅读推荐课，我都想买你课堂上推荐的书来看了。"门外汉都这样说，可想而知这节课是多么的成功。而彭璐老师的成功不正是得益于跟岗学习吗？不正是得益于胡老师的真心指导吗？确实，胡华老师对我们很用心去栽培，从不吝啬把经验传授给大家，发现问题总是和风细雨地指出来，每次聆听都让人有一种春风拂面的感觉。

四、工作室的成员非常团结

这次彭璐老师上的这节课，让我感触很深，在磨课过程中感受到我们这个小集体的团结上进，群策群力，勇于担当，不怕辛苦。大家工作都很忙，但只要有事在工作群里一说，大家都尽力地调好课，听课评课，甚至因此而延迟了下班的时间。青年教师主动找视频，录音，为彭璐老师分担工作，彭璐老师更是加班加点反复修改教案和课件，真的不容易。但这何尝不是一种锻炼和成长呢？

五、工作室成员的悄然变化

青年教师的可塑性是最强的，自从跟岗学习后，我发现这几个青年教师明显有自信了，上进心强了。而且也主动去求知和实践，如在岗位大练兵的比赛中，她们上课精心打磨，课后虚心听取教师的点评并在今后的教学中进行改进；其他老师的课积极参与听课，评课时主动发言，把在跟岗中学到的知识，融入自己的课堂中、评课中，在实践中不断提升自己。

六、意见

1.希望胡华老师或其工作室成员能亲临竹料二小，听工作室成员上课，这样会提升更快。

2.胡华老师或其工作室成员能在竹料二小上一节课内阅读课，这样学校的所有语文教师都可以有机会学习先进的教学方法。

跟岗学习心得体会

广州市白云区竹料第四小学　张慧兰

本着"取人之长，补己之短""他山之石，可以攻玉"的精神，2021年3月26日，在竹料四小领导的带领下，有幸到东莞常平实验小学学习，收获满满。广东第二师范刘建强教授和常平实验小学戴彦勋校长的指导，让我这个初出茅庐的教师对教育工作有了新的认识：教师不仅要教书育人，更应发扬主人翁精神建设美化校园环境。在学习过程中，戴彦勋校长提到的"落实理念，抓实常规"对我的教育工作有了新的启发，教师是一个伟大的职业，我们更应清楚在岗位上应"如何做"才能培养学生德智体美劳全面发展，并在实践中探索"如何做得好"。

一、听课感受

聆听了语文、数学、英语三节精彩的课例和学校的科组常规教研活动。常平实验小学教师学科素养高，有效地调控课堂，学生参与课堂积极、活跃，由此我发现了很多的共同点：

1.三节课都是运用了小组合作的形式开展的。

2.课堂上老师十分关注学生的学习效果，都是学生思考、讨论，自然而然体会到的，不是由老师说教灌输得来的。整堂课的氛围非常的浓厚，可以感受到每个学生都积极投入其中，并且都能够学会反思，反思自己的优点和不足，让学生知道做得好的地方继续发扬，做得不好的地方也知道改进的方向和方法。

3. 每节课都有精心设计，可见老师课前做了充分准备，包括课件、教具、学具等都是精心设计好的，板书也是非常美观和清晰明了。

其中，最让我印象深刻的是一节数学学具课，授课老师展示的智慧课堂《观察物体（三）》，大胆创新，通过精练的问题，引导学生有序高效地使用学具，让学生在实践活动中感悟新知，并结合平板电脑教学，使数学教学具体化、趣味化，学有所得。

各学科的评课议课环节，常平实验小学教师畅所欲言，各抒己见。让我在观摩的过程中学习了课例研讨如何高效展开，重新理解了"备课，磨课，评课"，意识到团队的重要性，因为一个人可以走得很快，但一群人可以走得更远。

东莞市名校长工作站主持人戴彦勋校长从落实理念、抓实常规这两个方面结合常平实验小学的自身实例与经验做了专题讲座。要求我们在常态课堂及德育课堂中体现学校理念，落实课堂常规的基本要求。还对常平实验小学的品牌创建"尚美点亮智慧人生"进行介绍，为本次的结对交流活动画上一个完美的句号。

二、"一校一案"项目的督导工作

带着专业的指导，针对竹料四小的实际情况，明确规划和发展方向，并经过一段时间的消化、实践和摸索，学校在德育和教学方面做了一系列的变革工作，完善优化了学校《教学常规管理制度》《班级管理细则》和《德育工作常规管理制度》等指导性文件，并对全体教师进行培训，明确了各学科的规范要求。4月16日，伴着蒙蒙细雨，东莞市常平实验小学校长戴彦勋带领教导主任李伟如、副教导主任周敏珠、英语科组长欧阳珍、体艺科组长郭益群，一行5人来到竹料四小进行教学督导活动。广东第二师范学院刘建强教授也到校参与指导工作。

常平实验小学几位名教师工作站主持人分科目深入课堂，为 4 个学科精准把脉。在广东第二师范学院刘建强教授"落实为要"的指导下，常平实验小学帮扶团队从学校德育、教学常规管理机制设计、学校五年发展规划等几个方面对竹料四小提出了有针对性的指导。各科组长面对面交流，明确了 4 个学科的规范要求，布置下次过来检查的任务，并修改制度文本。让我们对规范年的发展有了更清晰的蓝图。

三、我的数学课

围绕"规范教学、规范教研"的理念，在竹料四小数学科组教师的帮助下，经过多次集体备课、磨课后，我有幸展示了一堂数学课《分数的基本性质》。感谢李伟如主任走到我的课堂中，在评课环节中提出了很多宝贵的建议，指出在教学工作中要"关注细节"。在教学中她特别注重学生良好数学习惯的养成，明确了几个规范要求，打造"20+20"的课堂模式，在课堂中注意渗透思维方法，构建思考模型，提出要尽量用好教科书、教学用书，教师的课堂用语的规范养成，在课堂中重视"小组合作"，在课堂中要落实算理，练习设计要有梯度等。

感谢学校为我提供这样的学习机会，感谢各位领导和老师的热心指导、帮助和鼓励，使我在实践和教研活动中收获满满并快速成长。作为青年教师深知自己的责任重大，我会虚心听取意见，努力改进，在习惯培养和组织教学方面再下功夫，不断提高自身的各方面教学素养，为学校建设贡献自己的一份力量。

四、反思

聚焦不足，提出建议，布置任务，常平实验小学的督导三位一体，扎实推进。戴彦勋校长以竹料四小的实际情况为落脚点，明确了规范年的任务，从

"办学理念、五年发展规划、德育、教学、环境"五个方面提出了要求，布置了第十四周从"教学、德育、环境"三个方面的检查任务。

"纸上得来终觉浅，绝知此事要躬行"，竹料四小认真落实"办学理念、五年发展规划、德育、教学、环境"五个方面的要求。我也把这些要求和宝贵的建议运用到德育管理和教学工作中，更好地驾驭课堂，课堂质量和学生的积极性都有很大提高。

相信在东莞市戴彦勋名校长工作站和广东第二师范学院刘建强教授的指导和帮助下，不久的将来，竹料四小定能走上规范办学的道路，并且芝麻开花节节高！

给孩子一个幸福的童年
——番禺中学附属学校跟岗学习体会
广州市白云区良田第三小学　罗伟强

按照《广州市白云区与广东第二师范学院基础教育发展战略合作工作方案》以及良田三小与广东番禺中学附属学校的帮扶协议，良田三小与竹料五小的校级干部于4月12日来到了广东番禺中学附属学校进行为期一周的跟岗学习。番禺中学附属学校是由番禺中学统一管理的、公办区属的九年一贯制学校，包含小学和初中，是番禺区综合性办学的第一所试点和亮点学校。由区政府投资4亿多元建成后，2017年开始招生，现有小学部34个班，初中部24个班，学生2300多人，专任教师181人，占地180亩。未来几年，生源还会不断增加，学校已在规划扩建教学楼。番禺中学附属学校以"大·美"作为办学理念，站在气势宏伟的正门外，就能强烈地感受到学校的大与美。走进校园，环境美、人文美迎面而来。

徐聚堂校长为我们作了"基于番禺大教育发展的'大·美'——番附学校治理漫谈"的专题报告，通过徐聚堂校长的介绍，能快速、全面地了解到学校的发展，学校的管理。徐聚堂校长高瞻远瞩，用番禺大教育的视角来思考学校的定位、发展方向，充分调动教师的积极性、发挥教师的智慧，提炼学校的办学理念，凝聚人心，带领学校办出特色、办出实效、办出影响力，师生充满干劲、充满信心，自豪感、幸福感爆棚。

如何成其"大"？番附给出的答案是：立大德、树大人、是真大（做人）。

使命：大担当；办学：大集团；教书：大教研；育人：大德育、大思政。

如何成其"美"？番附给出的答案是：成人之美，美美与共，是真美（做事）。

队伍建设：团队美；课程建设：课程美（全课程）；制度建设：人文美；校园建设：环境美。

徐聚堂校长不但有崇高的教育理想、教育情怀，而且充满智慧，大道至简，用朴素的语言把"整—分—合"阐述透。在徐聚堂校长的讲座中，我们深刻感受到番禺中学附属学校行政班子团结协作、职责分明，做事雷厉风行，执行力强。

在一周的跟岗学习中，番禺中学附属学校副校长汪秀梅作为一名导师，为我们树立了专家名师的榜样，她从教师的学习研讨、全课程教育的理论指导和学校班级管理等方面身先士卒，身体力行，工作一丝不苟，扎实有序、井井有条，真正做到言传身教。

番禺中学附属学校的教师在班级管理上采用的是"包班制"，走进学校的教室，教师们高度的责任感和事业心深深打动了我们：在教室的小天地辛勤耕耘，有序开展主题活动。无怨无悔，爱岗敬业。展现了一支蓬勃向上、团结协作的年轻教师队伍。

这次跟岗学习的重点是了解番附的全课程开展情况，番附为我们安排了课堂观摩、各年级参与全课程的教师分享会、汪秀梅副校长的专题讲座。

课堂观摩环节，我们观摩了二（6）班的晨读课。晨读课是春天课程中的春之语，诵读有关春天的诗歌、文章，这些诗歌、文章有些是本学年语文课学习的，有些是课外补充的，还有些是学生创作的，共诵读了6首诗歌、1篇散文，同学们在诵读过程中还加上很多肢体动作，非常投入。还观摩了一（3）班的数学课，教师跳出数学教数学，把语文、天文、地理等知识，把环保教育、心理健康教育悄然无声地渗透到数学课中，学生思维活跃，知识面广。这两节课无论是教师的授课，还是学生的参与，处处都是番附"全科教育"的体现，学生在课堂的积极思考、主动参与，体现了学校日常教学活动的渗透和训练有素。课堂模式的构建、学科组教科研合作是值得我们借鉴学习的，教师的课前准备和对教材的钻研是值得称赞的，学科素养是值得敬佩的。

案例分享环节，来自不同年级、不同学科的 5 位教师给我们带来他们在全课程实践过程中的所做、所想、所获。一年级教师分享的是班级管理、文化建设，教师站在儿童立场，读懂孩子、管理孩子，调动家长参与管理的积极性，把校园学习活动与社会生活紧密联系在一起，引导学生从他律向自律发展，引导学生建立正确的价值观。二年级围绕春天课程，开展了诗歌诵读、绘本、舞蹈、绘画、诗歌创作、观察植物、种植、插花、小花园游戏、美食等。三年级的传统文化课程，开展的活动有：享一场文化盛宴（挥春、春晚、庙会、数学统计、英语讲习俗）；赴一场童年的宴会（游园活动、制作食品、糖画、集五福）；敬一杯童年的厚重（四大发明、桥文化、欣赏清明上河图）。五年级的是"知四时明法，寻天地大美"，有科学学科的探究物候现象，有语文学科的诗词晨读、阅读写作、诗画创作，有综合学科的手工制作、美食分享。

这个环节的活动，让我们对番附的全课程开展情况有了大概了解，跳出了只听了两节课的限制。所见所想：一是教师真诚协作，既有包班教师的协作，又有年级全课程的合作、互补。二是全课程深入人心，教师主动作为、各尽其职、不甘落后。三是辛勤付出，收获喜人，学生综合能力增强，教师迅速成长，教师脸上洋溢着自信、自豪，校园充满活力。

在感受过全课程案例和分享会后，小学部副校长汪秀梅作了题为"全课程教育改革的学校实践"的专题讲座。全课程以现代教育思想为指导，以教师为中心、以教材为中心、以儿童为中心、以活动为中心。开设四大主题课程：认识自我、认识社会、认识自然、自我管理。给我留下深刻印象的有：一是理解并尊重孩子的认知特点，创造条件，营造心理安全环境。二是番附的学生阅读量非常大并且善于表达，思维得到有效锻炼。三是教师主动作为、各尽其才，由教师策划并一个镜头拍到底的宣传片，把全课程活动串联起来，最后把观众带到主会场，难度非常大并且非常有创意。

星期四下午，番禺中学附属学校演艺厅迎来一名贵宾——《西游记》猪八戒的扮演者马德华，马德华与番附的 1000 多名小学生进行名人面对面活动，笑谈人生，分享八戒的人生智慧，同学们热情高涨。

星期五，我们参加了番附小学部的行政扩大会议，充分感受到学校管理的"整一分一合"的管理智慧。在会议中，我们深深体会到番附领导团队工作的高效与高度、情怀的大气与大爱！正是这"大·美"的领导和教师团队，成就着番附学生的幸福成长！

今后工作方向：

1. 集思广益，科学规划学校的发展。以促进学校健康发展、教师专业发展、为学生终身发展打基础为落脚点，坚持以人为本，编制学校发展规划，继续完善和丰富"精耘教育"内涵。

2. 加强对中层行政和骨干教师队伍的建设管理，提高思想觉悟、提高业务水平、提高执行力，激发活力，促进学校健康发展。

3. 在低年段开展"包班制"尝试。

4. 加强学科教研组建设，促进学科有机融合。